THE 4TH INDUSTRIAL
REVOLUTION

4차 산업혁명과
대학의 미래

이현청 저

학지사

머리말

4차 산업혁명은 기존의 1 · 2 · 3차 산업혁명과는 달리 물리적 환경과 가상 환경을 접목하는 새로운 지평을 여는 산업혁명이라 볼 수 있다. 기존의 산업혁명이 에너지 혁명을 중심으로 생산량이나 생산 속도, 생산의 효율성 등과 관련된 혁명이었다고 한다면, 4차 산업혁명은 새로운 형태의 혁명이다. 한마디로 현재의 패러다임과 삶의 형태를 크게 변화시키는 총체적 혁명과 같은 '상상의 혁명'이다. 이 점에서 대학교육 환경은 커다란 충격적 환경이 될 것이고, 대학의 존립 자체에 위협요소가 될 가능성이 있다. 종래의 경우가 대학의 하드웨어적 변화에 관련된 혁명이었다고 한다면, 4차 산업혁명은 하드웨어적 혁명이라기보다는 소프트웨어적 혁명이라고 볼 수 있다. 따라서 교육적 측면에서도 교과과정이나 학습방법, 교수 역할, 학생의 학습 형태, 그리고 학습과 교수를 지원하는 패러다임 자체가 바뀌는 커다란 변화라고 볼 수 있다.

4차 산업혁명의 변화는 한마디로 증강현실(Augmented Reality: AR)과 가상현실(Virtual Reality: VR)이 접목되어 물리적인 환경(Physical Reality: PR)으로 전환되는 것이기 때문에 대학교육은 경직된 교과과정과 설정된 교육기관, 그리고 정해진 장소 등에 의해 이루어지던 기존의 틀이 완전히 바뀌는 것이다. 4차 산업혁명은 인지 혁명(cognitive revolution)이고 지혜의 혁명(wisdom revolution)이며, 융합의 혁명(convergence revolution)이자 일종의 문화 혁명(cultural revolution)에 해당한다. 이러한 혁명적 대학 환경의 변화는 대학교육에 전반적인 변혁을 초래할 것이고, 대학은 매우 가까운 장래에 사라질 가능성마저 있다. 필자는 2016년에 『왜 대학은 사라지는가』라는 저서를 통해 대학의 위기와 대학의 변화를 예견한 바 있다. 그 후 3년이 지났다. 인공지능에 의한 학습방법의 개발, 인공지능에 의한 교수자의 등장, 그리고 초스피드, 초융합, 초네트워크 등의 비약적인 발전은 대학교 자체에 대한 위기를 날로 증가시키고 있다. 이 책은 대학의 변화를 예견하면서 4차 산업혁명과 대학의 미래에 대한 조망을 하는 데 초점을 맞추었다. 신조어와 새로운 시나리오 및 새로운 미래에 대한 예측으로 견해에 따라서는 쟁점이 될 수 있는 부분이 없지 않아 있지만, 미국에서 미래교육학을 강의한 필자의 경험에 비추어 볼 때, 4차 산업혁명에 따른 대학의 미래는 이 책에서 기술한 내용대로 변화할 가능성이 높다고 판단된다.

이 책은 4차 산업혁명의 의미와 특징, 그리고 윤리적 딜레마 이슈 등을 비롯해서 변화 전망, 그리고 국가별 전략을 다루었다. 또한 10대 미래 유망 기술과 새로운 인재상에 대해 다루면서 4차 산업 사회에서 직면하게 되는 대학의 위기요인과 변화를 집중적으로 다루었다. 특히 미래교육과 대학의 미래에 대한 조망을 통해 대학의 미래상을 제시했다. 이 점에서 이 책에 귀한 의미를 부여할 수 있으리라 생각한다.

　이 책이 대학의 미래를 준비하는 경영자들, 그리고 교수들과 대학의 모든 구성원에게 조그마한 보탬이 되기를 바랄 뿐이다. 하드웨어적 대학은 사라지되 대학교육은 존속할 수 있다는 것이 필자의 견해이다. 그러나 캠퍼스 중심의 기존 대학은 가까운 미래에 생존 가능성이 희박하리라는 예견 또한 조심스럽게 제시해 본다.

　현재의 4차 산업의 기술 변화 속도로 볼 때, 예시된 내용들은 머지않은 장래에 큰 변화가 불가피할 것이다. 이러한 변화 가능성에 대비하여 이 책이 미래를 준비하는 대학 구성원들을 위한 작은 씨앗이 되기를 기대하면서 미래를 조망하는 한 걸음이라는 것을 이해해 주리라 믿는다. 이 책을 출간하는 데 도움을 준 모든 이에게 감사를 드리고 학지사 김진환 사장님과 편집진께도 감사의 말씀을 전한다. 무엇보다 지혜를 허락하신 하나님께 감사를 드린다. 또한 항상 격려와 지혜를 주는 아내 김명희 교수와 함께 꿈을 실현하고자 노력하는 승윤과 상훈에게도 깊은 사랑을 보낸다.

2019. 2.

저자 이현청

차례

제9장 4차 산업혁명 시대의 교육 153

🖥 미래교육의 변화: 캠퍼스 없는 사회의 도래 159

🖥 교수자와 학습자의 역할 변화 160

🖥 교육과정의 변화 161

🖥 학습 평가 및 인증, 그리고 질 관리의 변화 163

🖥 학습방법의 변화 164

🖥 교육제도의 변화 165

제10장 4차 산업혁명의 특성: '디지털-피지컬 통합' '반기계화-반인간화 통합' 'AR-VR의 통합' '사고와 현실의 통합' 167

🖥 4차 산업혁명의 특성 169

🖥 4차 산업혁명과 사회적 과제 173

4차 산업혁명의 의미와 특징

산업혁명의 발자취

제**1**장

4차 산업혁명의 의미와 특징

🖥 산업혁명의 발자취

인류는 18세기의 1차 산업혁명부터 오늘날 우리가 경험하는 4차 산업혁명까지 크게 네 차례의 산업혁명을 겪어 왔다. 이러한 산업혁명은 앞으로 5차, 6차 혁명으로 이어지리라 생각된다. 1차 산업혁명에서부터 4차 산업혁명에 이르기까지 산업혁명의 발자취를 들여다보면 핵심 기술과 산업혁명의 특징이 모두 다르다. 1차 산업혁명은 증기엔진의 발명을 통한 기계생산혁명이었고, 2차 산업혁명은 전기에너지혁명으로 대량 생산체제를 가져다주었다. 그 후 1950년대 후반부터 시작된 전자혁명은 컴퓨터와 IT에 의한 전자제품혁명으로 이어졌다. 2015년부터 확산된 4차 산업혁명에서는 인공지능과 빅데이터 중심의 산업혁명이 진행되고 있다.

4차 산업혁명은 1차 산업혁명에서부터 3차 산업혁명까지의 변화를 기반으로 하여 지능형 산업혁명으로의 큰 변화를 초래하고 있는 혁명이다. 세계경제포럼(World Econmic Forum, 다보스포럼)

에서 클라우스 슈밥(Klaus Schwab) 회장이 언급한 뒤로 4차 산업 혁명은 인류의 화두가 되고 있다. 4차 산업혁명을 구태여 기존의 혁명과 구분 짓는다고 하면 키워드는 기계화(1차), 산업화(2차), 자동화(3차), 융합화(4차)로 집약될 수 있다.

1차 산업혁명에서부터 4차 산업혁명의 특징을 기술해 보면 다음과 같다.

- 1차 산업혁명에서는 사람의 노동력의 일부를 기계가 대신했다.
- 2차 산업혁명에서는 가내수공업에서 탈피하여 대량 생산체 제로 전환되었다.
- 3차 산업혁명에서는 ICT 기술을 통해 자동화체제로 전환되 었다.

그림 1-1 ❖ 산업혁명의 발자취

출처: 이현청(2017c).

• 4차 산업혁명에서는 ICT 기술 간 융합을 통해 초연결·초지능·초스피드 체제로의 혁명적 변화가 일어나고 있다.

따라서 4차 산업혁명의 초연결(hyper-connectivity)·초지능(super-intelligence) 패러다임은 결국 초융합(hyper-convergence) 사회와 필연적으로 연계될 것으로 예상된다. 특히 4차 산업혁명의 이러한 특징은 빅데이터를 기반으로 하는 예측 가능성의 사회로 전환되고, 이러한 전환을 통해 인류는 기존의 산업혁명에서 경험하지 못한 엄청난 변화를 경험하게 될 것이다. 특히 AI의 진화에 따른 인류 환경의 변화는 가공할 현실이 될 것이고, 산업구조나 문화, 교육, 정치, 경제를 비롯한 모든 영역의 초연결·초융합·초스피드·초지능 형태의 특징을 띠게 될 것이다.

예를 들어, 우리 주변에서 경험하고 있는 IoT, 즉 사물인터넷 서비스의 미래 방향성은 또한 '연결, 구현, 통합'이라는 키워드로 순차적인 수렴 과정을 거칠 것으로 보인다.

이러한 사물인터넷을 활용하는 '사람'의 입장에서 보면 연결은 우리 눈에 보이지 않는 구간(Back-end, 서버/소프트웨어)이지만, 구현은 눈에 보이는(Front-end, 앱/웹, 그리고 뉴미디어) 현실의 서비스라 할 수 있다(연대성, 2017).

4차 산업혁명의 영향과 변화 전망

4차 산업혁명의 영향과 변화 전망

4차 산업혁명의 핵심 기술과 변화 전망

4차 산업혁명의 핵심 기술과 변화의 동인은 다음의 몇 가지로 집약될 수 있다.

4차 산업혁명 기술 변화의 핵심적 요소는 AI와 빅데이터이고, 소위 ABC로 요약될 수 있는 변화요인들이라고 볼 수 있다. ABC 라함은 4차 산업혁명의 핵심 기술과 관련된 요인들이다.

- A: 인공지능(Artificial Intelligence: AI)과 알고리즘
- B: 빅데이터(Big Data)
- C: 클라우드 컴퓨팅(Cloud Computing)

이외에도 로봇, 사물인터넷(Internet of Things: IoT), 3D 프린팅, 핀테크 등 다양한 변화요인과 융합되어 초현실적·초지능적 변화를 가져올 것이라 예측된다.

2017년 10월, 세계적인 시장조사기관인 가트너 그룹은 2018년 이후 IT 산업을 이끌 '10대 전략적 기술'을 다음과 같이 발표했다.

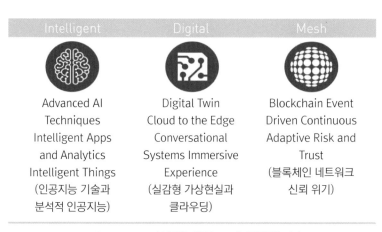

그림 2-1 ❖ IT 산업을 이끌 10대 전략적 기술

출처: Gartner (2017).

2017년 11월 임베디드소프트웨어 · 시스템산업협회에서 발간한 『KESSIA ISSUE REPORT』에 요약, 정리된 4차 산업혁명의 변화 전망을 요약해 보면 다음과 같다(임베디드소프트웨어 · 시스템산업협회, 2017).

1) 인텔리전트(intelligent)의 미래 전망[1]

2020년 최고정보책임자(Chief Information Officer: CIO)의 30%는

---

1) 『KESSIA ISSUE REPORT』(2017) 요약

인공지능을 5대 투자 순위에 포함할 것이며, 기업의 신규 개발 프로젝트의 30%는 데이터 사이언티스트와 프로그래머의 결합팀으로 구성되어 AI 기능을 구현할 것으로 전망하고 있다.

특히 인공지능이 보다 많은 영역에 활용되면서 현재의 GPU와 CPU 혁신이 추진될 것으로 전망하고 있다. 인공지능과 관련된 주요 선두 기업인 구글과 아이피소프트, 그리고 삼성과 엘지의 개발 전망을 보면 이러한 변화를 쉽게 알 수 있다.

(1) 구글

- 텐서플로(Tensor Flow) 처리를 위한 AI 칩을 개발
- 마이크로소프트는 Brainwave, 인텔은 Nervana chip 등을 개발하는 등 2020년까지 DNNs와 머신러닝 애플리케이션은 반도체 산업에 100억 불의 시장을 제공할 것으로 예상

따라서 인공지능은 사용효과의 극대화를 위해 지능형 시스템과 결합된 증강인간(Augmented Human) 기술로 발전할 것이고, 기업들은 사람을 대체하는 것이 아닌 인간 활동을 증진하는 지능형 앱을 활용할 것이다.

(2) 아이피소프트

자율 기술, 인지 기술 개발 및 제공 분야의 선구자적인 혁신 기술로 아멜리아(Amelia)라는 아바타형 챗봇 클라우드 서비스를 제공하고 있다.

아멜리아는 인공지능과 온톨로지 기반 인지공학의 결정체로, 사람들이 상호 작용하는 것을 배우면서 진화하고 있다. 40여 개의 언어를 구사하는 아멜리아는 사용자의 감정까지 읽어 상호 작용을 하고 실시간으로 의사결정도 지원한다.

이외에도 한국의 우수기업 중 하나인 L 기업에서도 클로버를 출시하여 인공지능형 서비스를 제공하고 있다.

2) 디지털(digital)의 미래 전망

2022년이 되면 산업들은 디지털 기술에 의해 IoT 유지보수, 서비스, 소모품 비용에서 연간 1조 달러를 절감할 것이며, 디지털 세상과 사용자의 상호 작용에 대한 새로운 인식은 투명한 몰입형 경험을 제공할 것으로 기대하고 있다. 그러나 이러한 미래 전망 또한 앞당겨질 가능성이 매우 높다. 특히 디지털의 미래 전망은 융합형 디지털 미래 전망으로 예측되며, 가상현실과 접목되었을 때 훨씬 진화된 IoT 현실이 될 것이고, 무엇보다도 VR과 AR이 접목되는 형태로 급격히 발전할 것으로 예측된다(이현청, 2018a).

(1) 디지털 트윈[2]

디지털 트윈(digital twin)은 실제 세계에서 운영되고 있는 설비, 제품 등을 가상 공간에 구축하여 실제 공간에서 발생하는 데이터

---

2) 『KESSIA ISSUE REPORT』(2017) 요약

와 센서 데이터를 가상 공간에 전달하면, 인공지능이 가상 디지털 공간에서 데이터의 분석과 다양한 실제 상황의 시뮬레이션을 통해 변화에 대응하고 운영 성과를 향상시키는 새로운 기술 모델이다.

이러한 기술 모델은 앞서 논의한 AR과 VR의 접목이라고 볼 수 있다.

3) 메쉬(mesh)의 미래 전망

지금까지의 블록체인은 디지털 화폐, P2P 대출, 지급금, 보험, 무역 등의 금융 서비스가 발전을 이끌어 왔다. 그러나 향후에는 정부 공공 부문에서의 활용 시장이 발전할 것이다. 정부는 토지 대장, 신분증, 디지털 투표, 전자건강기록(Electronic Health Records: EHR), 마일리지와 복지카드 등에 이것들을 사용할 것으로 예측된다.

이러한 블록체인 기술을 통해 유통 과정과 생산 과정의 연계가 훨씬 원활해질 것이고, 3D 기술이 융합되면 융합유통 서비스 형태가 될 것으로 예측된다.

따라서 공급 사슬망과 물류 최적화, 자산 변동성, 로열티 프로그램, IoT 관리 등 기타 상거래 애플리케이션도 빠르게 시장을 형성해 나갈 것으로 전망된다(이현청, 2018a; **임베디드소프트웨어·시스템산업협회, 2017**).

📺 미래 산업구조의 변화

미래에는 상상이 곧 현실이 되는 사회가 도래할 것으로 예측된다. 소위 소프트 파워라고 하는 용어는 상상을 현실로 만들어 내는 기술이고, 그 핵심 기술은 인공지능이라 볼 수 있다. 따라서 4차 산업혁명에서는 '상상의 창의적 아이디어를 기술, 지식, 제품과 연계하고 융합하여 혁신적인 실체로 구현하는 역량'이 가장 중요한 핵심요소가 될 것이고, 이러한 소프트 파워는 4차 산업혁명의 핵심적 특징이라고 볼 수 있다.

소프트 파워의 핵심 구성요소는 다양한 개체를 상상력과 아이디어로 연계하는 연결성과 산업, 문화를 넘나드는 독창적인 시각인 창의성이라 볼 수 있고, 이러한 '연결성'과 '창의성'에 기반하여 기존 역량과 새로운 역량을 조합하여 어떻게 활용할 것인지에 관한 연결 고리를 만드는 것이 중요한 변화 방향이라고 볼 수 있다. 『KESSIA ISSUE REPORT』(2017)에서 요약한 것을 토대로 다음과 같은 변화 방향을 제시할 수 있다.

- 변화1: 데이터, 지식이 산업의 새로운 경쟁 원천으로 부각
- 변화2: 플랫폼 및 생태계 경쟁 중심으로 산업의 경쟁 방식 변화
- 변화3: 승자 독식 플랫폼 경쟁과 새로운 성장의 기회

그림 2-2 ❖ 플랫폼 리더십의 4요소

출처: 동아비즈니스리뷰(2012. 4.).

　따라서 데이터와 지식이 산업의 새로운 경쟁의 원천으로 부각
될 것이고, 산업의 경쟁 방식의 변화가 불가피하여 플랫폼과 생태
계 경쟁 중심으로 변화할 것으로 보인다. 이러한 과정에서 새로
운 성장 동력이 파생되겠지만 자칫 부익부 빈익빈 현상의 심화를
초래할 가능성도 없지 않다.

🖥 개인 삶의 변화

　개인의 삶은 가치, 문화, 환경, 그리고 교육 등의 측면에서 커다
란 변화가 예견된다. 4차 산업 사회에서 개인의 삶은 사생활과 특
성, 그리고 직업 형태, 교육 형태 등에 있어서 많은 변화가 이루어
질 것이다. 그 대표적인 변화 중에 하나는 고용구조의 변화에 따
른 일자리의 변화이고, 일자리의 변화에 따라 개인의 삶의 패턴
또한 엄청난 변화를 경험하게 될 것이다. 4차 산업 사회에서 개인

삶의 변화는 다음의 몇 가지로 집약될 수 있다.

- 수직적 삶에서 융합적 삶으로의 변화: **종래의 경우는 교육과 직업 및 휴식이 구분되는 수직적 삶이었다고 한다면, 4차 산업 사회에서는 교육과 직업 및 휴식이 융합되는 융합적 삶으로의 변화가 이루어진다.**
- 제2의 자아의 탄생: **사이버 공간과 현실 공간이 융합되거나 호환성을 갖게 됨으로써 자아의 개념 또한 사이버형 자아와 현실공간형 자아가 융합되어 제2의 자아(second self) 형태로 전환된다.**
- 평생직장 개념에서 고용 가능 개념으로의 변화: **지금의 평생직장 개념과 하나의 전공 개념이 완전히 변화되어 시간제로 일을 하며 다양한 직종을 수행하게 된다. 미래학자들의 경우에는 한 사람이 일생 동안 100개의 시간제 직업을 갖게 될 것으로 예견하기도 한다. 이처럼 하나의 전공을 가지고 평생 고용되는 평생직장의 개념은 사라지고, 사회, 기술, 문화의 변화에 따라 유연하게 고용되는 고용 가능 개념으로의 변화가 이루어지게 된다.**
- 평생학습자의 등장: **현재와 같은 정규교육의 개념에서 벗어나 일생 동안 최소한 6회 정도의 교육이 필수적이고, 필요에 따라서는 나이 및 국적과 상관없이 평생 동안 직업에 필요한 학습을 수행하는 평생학습자(life long learner)가 보편화될 것이다.**
- 반기계화 인간의 등장: **논란이 많은 변화일 수 있으나 인간에게**

건강, 교육, 문화, 환경 등에 관련된 센서를 부착하게 하거나
'로봇형 의복'을 입게 함으로써 인간의 역할과 기능이 반기계
화 인간의 속성을 지닐 가능성이 높다.

이와 함께 고용구조나 일자리의 변화와 관련된 변화들은 다음
과 같은 영역에서 활성화되리라고 본다.

**첫번째 변화로는 모바일 인터넷과 클라우딩 기술 등 관련 서비
스 영역의 지속적인 변화 가능성을 들 수 있다.**

- 정보통신기술(ICT), 전문서비스(PS), 미디어(MEI) 분야에서
  상대적으로 고용 성장률이 높을 것으로 전망되나 전문서비스
  분야나 정보통신기술 분야는 2030년을 기점으로 고원 현상
  (plateau phenomenon)이 이루어질 가능성이 높다.
- '연산 능력 및 빅데이터' '모바일 인터넷 및 클라우딩 기술' '사
  물인터넷' 등의 영향 증가로 이와 관련된 영역의 직업이 증대
  되리라 예견된다.
- 보건(Health Care: HC) 분야는 고용 성장률이 높을 것으로 인
  식되나, 원격형 의료 서비스 도입 등의 영향으로 보건 분야의
  직업 형태가 바뀔 것으로 보이고, 원격형 의료 서비스 영역이
  나 건강 관리 영역의 직업이 증대되리라 예견된다.
- '모바일 인터넷 및 클라우딩 기술' 확산으로 인해 원격의료/
  진단이 활성화됨으로써 보건 · 의료 분야의 실질적 일자리는
  가까운 장래에 상당 수준 감소할 것으로 전망된다.

두 번째 변화로는 서비스의 비용 감소와 편의성 증대를 들 수 있다.

유통 수단과 생산 수단, 그리고 고객의 욕구 진단 등이 활성화되어 서비스의 비용도 감소하게 되고, 고객을 만족시킬 수 있는 품질 향상이나 편의성이 증대될 수 있다. 이러한 서비스의 변화는 '4차 산업형 서비스 혁명'이라 볼 수 있다. 이와 관련된 변화는 다음과 같다.

- 지능 정보 기술의 활용으로 질병 진단 및 치료의 정확도가 향상됨에 따라 치료 횟수 감소 등 의료비용의 절감이 이루어지며, 의료 품질이 향상되고, 접근성이 증대될 것이다.
- 고도화된 언어인지 및 자동번역 기술의 발달로 국내외 서비스 이용이 편리해지고, 언어 장벽으로 인한 불편이 감소할 것이며, 다국적 서비스 플랫폼의 등장으로 언어 및 문화 장벽 등이 해소될 것이고, '고객 맞춤형 서비스(customer-tailored service)'가 보편화될 것이다.

세 번째 변화로는 안전 관리 유지의 향상과 안전한 생활 환경 조성의 확대를 들 수 있다.

위험요소와 위험한 환경 해소를 위한 다양한 첨단 서비스 체제가 구축될 것이고, 이러한 첨단 서비스 체제의 구축은 예방, 관리, 경계, 그리고 안전 토털 시스템의 구축을 가능하게 할 것이다. 안전 토털 시스템의 구축을 통해 안전 관리가 유지·향상되어 안전하고 쾌적한 생활 환경 조성이 가능해질 것이다. 이와 관련된 변화들을 정리하면 다음과 같다.

- 경계 감시 및 위험 임무 수행 분야에 무인 시스템 도입과 빅데이터를 활용한 범죄 예측 모델 활용 등으로 국방과 치안 서비스가 강화될 것으로 보인다. 특히 로봇 안전 관리 요원과 가상 관리 시스템의 등장으로 인한 무인 시스템의 효율성이 증대될 것으로 보인다.
- 교통 영역에서도 교통 정보의 실시간 공유와 교통흐름의 지능적 제어를 통해 교통혼잡을 줄이고 교통사고를 예방할 수 있을 것으로 보이며, 미세먼지와 탄소 발생 등이 줄어들어 쾌적한 스마트 도시가 건설될 것이다. 이러한 변화는 한마디로 '안전 위생(safety hygiene)'의 등장을 의미한다.

네 번째 변화로는 자기주도형 맞춤 서비스와 케어 시스템의 확대를 들 수 있다.

AI의 발달과 로봇의 진화, 그리고 첨단 융합 기술의 확대는 자기주도형 맞춤 서비스를 확대시킬 것이고, 건강과 복지 차원에서도 지능형 케어 시스템이 도입될 것으로 보인다. 이러한 변화와 관련된 내용들을 살펴보면 다음과 같다.

- 인공지능에 의한 개인 맞춤형 서비스가 보편화됨에 따라 자신의 수준에 맞는 맞춤형 학습을 통해 학원, 과외 등의 사교

육 부담이 줄어들고, 교사는 창의인성교육에 주력하게 되어 학교 교육이 정상화될 것으로 보인다. 이와 함께 교육은 온전히 자기주도형 학습체제로 전환될 것으로 보인다.

• 복지 분야에 있어서도 복지 대상이라 볼 수 있는 노인, 장애인, 아동 등 전통적인 취약계층과 저숙련 노동자, 사회적 약자, 사회적 소외계층 등 빈곤계층에 대한 복지행정의 분석과 예견, 그리고 케어까지 총체적 원스톱 케어 시스템이 도입될 가능성이 높다.

다섯 번째 변화로는 4차 산업혁명의 부정적 측면(양극화 심화, 분쟁 증가, 개인 정보 유출, 인간 소외 등)의 증가를 들 수 있다.

4차 산업혁명의 부정적 측면 중 대표적인 것으로는 부익부 빈익빈 현상의 심화, 이해 당사자들과의 분쟁 증가, 그리고 가상 공간의 활성화에 따른 개인 정보 유출뿐만 아니라 AI의 인간 대체 서비스가 확대됨으로써 인간의 존재감에 대한 의문과 자아 정체성의 상실, 이에 따른 인간 소외 증대 등을 들 수 있다. 이와 관련된 변화 내용들은 다음과 같다.

• 최첨단 융합 기술 위주의 산업구조로 인해 성과 배분과 이에 따른 소수 그룹의 엄청난 부의 축적, 대다수 그룹의 빈곤화에 따른 양극화가 심화될 것으로 보인다.

• 새로운 기술과 혁신에 따른 법제도적 장치의 미흡으로 지능정보의 신기술이 기존의 법제도에서 빠르게 수용되지 못하여

이와 관련된 분쟁이 증가할 수 있다.

• 소위 빅데이터로 지칭되는, 수집된 정보의 양이 확대됨에 따라 사생활 침해가 우려되고, 전력, 교통 등의 지능 정보 서비스망에 해킹 발생 시 국가 시스템에 대한 새로운 위협으로 작용할 것으로 예견된다.

국가별
4차 산업혁명 전략

국가별 4차 산업혁명 전략

4차 산업혁명은 전 세계적으로 커다란 변화를 초래하고 있고, 그 속도와 범위 면에서도 엄청난 변화를 예고하고 있다. 이러한 점에서 전 세계의 국가는 국가 경쟁력 차원에서, 그리고 일자리 창출과 산업 생태계의 변화 차원에서 4차 산업혁명에 대비하고 있는 실정이다. 특히 4차 산업혁명의 주된 동인이라고 볼 수 있는 AI, 빅데이터, 로봇, 3D 프린터, 무인자동차, 의생명과학 분야의 혁명 등에 전략적으로 총력을 기울이고 있는 실정이다. 미국을 비롯한 선진국들의 경우를 보면 4차 산업혁명의 주된 기술 영역인 AI를 기반으로 하여 국가적 전략을 수립하고 예산과 인프라 투입에 총력을 기울이고 있다. 물론 이러한 변화들은 사회, 경제, 문화, 교육 등에 지대한 영향을 미치면서 복합적인 인프라의 재구조화와 연관되어 있다. 우리나라를 비롯한 세계의 주요 국가의 4차 산업 대비 현실은 거의 유사하지만 4차 산업 영역 중 전략적으로 우선순위를 가지고 있는 영역은 다소 다르다. 우리나라를 제외한 주요 국가의 4차 산업 대비 전략은 다음과 같이 요약할 수 있다.

🖥 독일

독일의 경우에는 '인더스트리 4.0' '플랫폼 인더스트리 4.0'이라는 전략을 수립하여 IT를 활용한 스마트 공장, 클라우드 컴퓨팅, 지능로봇, 그리고 이와 관련된 커뮤니케이션 인프라, 전문 인력 양성 등의 종합적 대책을 수립하고 있다. 독일의 주요 정책을 열거하면 다음과 같다.

- 정보통신기술을 활용한 스마트 공장 구현 목표
- 클라우드 컴퓨팅, 사물인터넷 표준, 스마트그리드, 지능로봇, 임베디드 시스템 국가로드맵, 커뮤니케이션 인프라, 위성통신 및 관련 분야 전문 인력 양성
- 2015년에 '플랫폼 인더스트리 4.0' 시작: 빠른 표준화, 중소기업의 참여, 보안 강화 관련 인력 양성 강화 등을 추진
- 중소기업의 중요성을 인식하고 직접적인 사업 모델과 실용화를 도모하고 있으며, 디지털화를 통한 물리적-사이버 시스템을 구축하여 쉬운 창업을 위한 인프라 구축

🖥 영국

영국의 경우도 독일의 전략과 유사한 점이 많지만 영국의 산업 생태계에 걸맞은 전략과 교육, 그리고 이와 연관된 정책 수립을

추진하고 있다. 소위 '디지털 전략 2017'로 불리는 정책을 수립하여 소프트웨어교육의 강화, 코딩교육의 강화, 문제 해결 능력을 배양하는 교육 등 다양한 형태의 교육적 전략을 수립하고 있는 것이 특징이라 볼 수 있다. 특히 소프트웨어와 코딩교육은 세계에서 가장 먼저 추진하였으며, 이러한 교육을 통해 4차 산업 사회의 인재 양성에 전력을 쏟고 있다. 영국이 4차 산업혁명에 대비하여 수립하고 있는 정책을 열거해 보면 다음과 같다.

- '마스터 티처' 제도 도입
- 2014년부터 세계 최초로 초·중등교육에 소프트웨어(SW) 코딩을 필수 과정으로 채택
- 컴퓨터 활용 능력을 통한 디지털 세상에서의 균형에 관한 교육 철학과 문제 해결 방식의 교육방법 도입
- 봉사단체인 코드클럽을 통한 교육의 확대

🖥 미국

미국은 4차 산업혁명과 관련하여 다양한 전략을 수립하고 있는 대표적인 나라이다. AI, 3D 프린팅, 무인자동차, 초고속 교통수단, 우주 교통수단, 의생명과학의 첨단화, 생활과 밀착된 지능형 컴퓨팅, 클라우드 컴퓨팅 등 다각적인 4차 산업혁명 전략을 수립하여 많은 예산과 인력을 투입하고 있다. 특히 AI형 교육과 AI

형 생활 인프라 구축이 두드러지는 나라 중 하나이고, 주요 대학을 중심으로 4차 산업혁명에 대비한 인력 양성과 기술 개발에 집중하고 있는 대표적인 나라 중 하나이다. 미국이 추진하고 있는 4차 산업혁명 관련 내용을 간략히 정리하면 다음과 같다.

- 정보 기술(IT)과 제어 기술(OT) 두 가지의 전문성을 모두 갖춘 인재 양성
- 제조업혁신센터를 미국 전역에 확대하고, 민간 주도로 IT 관련 인재 확보를 위한 4차 산업 인재 육성 강화
- 9대 전략기회 분야인 첨단 제조, 정밀의료, 두뇌 이니셔티브(Brain Initiative), 첨단자동차, 스마트시티, 청정에너지 및 에너지 효율 기술, 교육 기술, 우주, 고성능 컴퓨팅에 대한 집중적인 투자와 개발

싱가포르

싱가포르 역시 4차 산업혁명에 대비한 전략에 일찍 뛰어든 나라 중 하나이다. 그러나 도시 국가가 가지고 있는 제한된 인프라 때문에 주요 선진국과는 차별화된 전략을 수립하고 있는 실정이다. 특히 핀테크 등 금융 허브와 관련된 분야나 제조업 혁신 분야, 관광과 드론 등 일부 분야에서 집중적으로 전략을 수립하고 있는 나라라고 볼 수 있다. 싱가포르의 4차 산업혁명 관련 주요 내용을

요약하면 다음과 같다.

- '스마트네이션(Smart Nation)'
- 제조업 혁신을 위해 연구개발(R&D) 투자를 대폭 늘리고, 이로 인한 일자리 창출 도모
- AI, 빅데이터, IoT, 로봇, 자율주행 자동차, 드론 등 4차 산업혁명의 핵심 기술을 실생활과 개별 산업에 접목하여 공공·민간 혁신을 동시에 추구하려는 전략 추진
- 무역, 금융, 관광, 제조 등 주력 산업을 보다 선진화하려는 전략 추진

🖥 중국

중국은 세계 G2 국가에 걸맞게 4차 산업혁명과 관련된 혁명적이고도 획기적인 전략을 수립해서 다른 나라와는 비교가 안 될 정도의 투자를 하고 있는 대표적인 나라이다. 특히 중국은 4차 산업 사회에서 세계적인 으뜸 국가로 도약하기 위한 다양한 전략을 수립하고 있는데, 대표적으로 국가 경쟁력이나 방위 산업, 그리고 우주 산업과 자원개발에 이르기까지 다양한 접근을 시도하고 있는 것이 주요 특징이다. 따라서 4차 산업 사회에서 주목해야 할 대표적인 국가 중 하나라고 할 수 있다. 중국의 이러한 4차 산업혁명에 대비한 정책과 전략은 가시적인 효과를 많이 내고 있는데,

미국과 더불어 세계의 쌍벽으로서 4차 산업혁명의 기술을 주도하는 나라가 될 가능성도 있다. 중국은 소위 '중국 제조 2025' '인터넷플러스 정책'을 수립하여 4차 산업혁명에 대비한 다각적인 전략을 추진하고 있다.

- '중국 제조 2025'의 핵심 목표는 혁신과 품질, 효율성을 중시하는 것으로 녹색발전, 에너지 절약이나 탄소배출 관리 등을 중요시함
- 하드웨어 기반의 스타트업이 활발하게 등장
- 특히 모바일 인터넷의 발전으로 선진국을 추월하고 있는 상황이며, ICT 기술을 기존 제조업에 적극 융합함으로써 4차 산업혁명에서 주도적 역할 추구

🖥 일본

일본 또한 4차 산업혁명에 대비한 국가적 전략을 수립하여 추진 중에 있는데, 세계적으로 으뜸가는 로봇 기술을 비롯하여 IT 영역의 기술을 심화·발전시키려는 전략을 함께 추진하고 있는 것이 두드러진 특징 중 하나라고 볼 수 있다. 소위 '일본재흥전략' '과학기술 이노베이션 종합전략' '로봇신전략' 등 3대 4차 산업혁명 전략을 수립하여 AI와 로봇, AI와 산업 인프라, AI와 실생활 인프라 등 구체적인 전략을 추진하고 있는 대표적인 국가이다. 교

육 측면에서도 로봇 교사, 로봇 학습 매체 등 다양한 형태의 4차 산업형 교육 인프라 구축에 주력하고 있다. 일본이 추진하고 있는 4차 산업혁명과 관련된 3대 전략을 요약하면 다음과 같다.

- 일본재흥전략: IoT, 빅데이터, AI, 로봇 기술 등을 통해 2020년까지 30조 엔의 부가 가치 창출 목표
- 과학기술 이노베이션 종합전략: 제조 시스템을 혁신하기 위한 정책으로 제조 관련 모든 데이터를 네트워크 플랫폼으로 구축하고 관리하는 시스템 구축
- 로봇신전략: 로봇 강국의 명성을 지속하고 IoT 기술과의 연계를 통한 사회 문제 해결 목표
- 일본은 우리보다 조금 늦은 2020년에 초등학교, 2021년에 중학교, 2022년에 고등학교에서 각각 소프트웨어교육을 의무화할 예정임

🖥 그 외의 국가

앞서 논의한 대표적인 나라들을 제외한 다른 국가들도 예외 없이 4차 산업혁명에 대비하는 노력들을 기울이고 있는데, ICT 창업률이 가장 높은 에스토니아 등 여러 나라가 이에 속한다. 특히 북유럽의 여러 나라가 4차 산업혁명에 대비하는 노력을 하고 있는데, 주요 특징 중의 하나는 인공지능 및 이와 융합하는 여러 가

지 산업을 전략적으로 확립하려는 데 주안점을 두고 있다는 것이다. 이를 위해 4차 산업형 인재 육성을 위한 교육적 변화도 추구하고 있는데, 소프트웨어교육과 코딩교육, 그리고 창의력 개발을 통한 창업 유도 등의 교육적 내용이 대표적이다. 북유럽 국가 중 에스토니아와 핀란드의 전략들을 요약해 보면 다음과 같다.

- 인구 비율 대비 ICT 창업률이 세계에서 가장 높은 나라인 에스토니아는 AI형 시민을 지정하여 ID 번호를 부여하고 있고, 무인자동차와 신호등 없는 도시 등 선도적인 역할을 수행하고 있는 나라임
- 핀란드의 경우도 2017년에 학교 교육과정을 개정하였는데, 개정의 핵심은 학생 주도의 학습, 학생과 교수 간의 협력, 프로젝트 기반 학습모형임. 핀란드는 오래전부터 소프트웨어 코딩교육을 강조했지만 별도의 정규 과목으로 편성하지는 않았는데, 수학과 기술 과목에서 충분히 다룰 수 있도록 각 교과목의 과정을 개편한 것이 특징임. 주요 특징 중 하나는 1학년을 가르치는 교사는 모든 과목 영역에서 코딩을 가르친다는 것

앞에서 살펴본 것처럼, 각 나라는 4차 산업혁명에 대비한 다양한 전략을 수립해서 산업 생태계의 변화에 준비하고 있고, 이에 필요한 인재 양성을 위하여 교육의 패러다임을 바꿔 가고 있다. 왜냐하면 교육은 4차 산업혁명 시대를 여는 근간이기 때문이다.

교육을 통해 창의 인재를 양성하지 못하면 결국 기술 발전도, 사회 혁신도 이루지 못할 뿐 아니라 4차 산업혁명에서 선도적 역할을 할 수 없다. 이처럼 해외의 선진국이 교육 혁신에 주력하는 이유는 바로 국가 경쟁력과 4차 산업에 대비한 인재 양성의 주요 요인이 되기 때문이다. 이 때문에 많은 나라에서는 학생이 미래 일자리에 적응할 수 있도록 도와주면서 교육 패러다임 전반에 걸친 혁신을 추진하고 있는 실정이다. 더구나 4차 산업혁명의 주된 특징 중 하나는 AI의 고도화에 따라 AI가 인간의 일자리를 대체하게 되면서 매우 가까운 장래에 일자리는 사라지고, 새로운 일자리 창출은 제한될 것이라는 점이다. 따라서 이러한 직업 생태계의 변화에 대해서도 대비하는 것이 교육 혁신의 본질이라고 볼 수 있다. 그러므로 일자리에 대한 예측을 통해서 교육의 목표를 설정하는 것 또한 매우 중요하다.

인공지능 기술

■ 인공지능 기술의 사회적 파급효과

인공지능 기술

    4차 산업혁명은 한마디로 빅데이터를 활용한 인공지능과 클라우드 컴퓨팅의 융합적인 접근이라 볼 수 있다. 이러한 변화의 핵심 역할을 하는 기술은 한마디로 인공지능이라고 볼 수 있다. 이러한 점에서 세계 각국은 인공지능을 활용한 다양한 첨단 산업 개발에 총력을 기울이고 있는 실정이다. 이 책에서 인공지능 기술에 관해 별도의 장으로 다루고 있는 이유도 인공지능이 4차 산업에서 차지하는 중요성 때문이다. 한마디로 인공지능은 우리 생활 전반에 대변화를 가져다줄 것이고, 이러한 변화들은 하루가 다르게 진화하고 있다. 향후 20년을 예측할 때 인공지능형 산업이 우리 산업의 지도를 바꿔 놓을 것이고, 인공지능의 혁신 여부가 국가 경쟁력과 밀접한 연관이 될 수밖에 없다. 인공지능의 이러한 변화들은 하루가 다르게 진화하기 때문에 가까운 미래에 대한 예측 자체가 두려울 정도이지만, 기업별 인공지능 기술 보유 현황을 현 시점에서 살펴보면 〈표 4-1〉과 같다.

〈표 4-1〉기업별 인공지능 기술 보유 현황

기업	인공지능 기술 보유 현황
구글	영상 및 음성 인식 전 분야, 자율주행 시스템, 의료 진단
아마존	음성 인식 기반 개인 비서, 물류 자동화, 무인마트
IBM	왓슨 기반 의료 진단, 자율주행 시스템
페이스북	얼굴 인식, 인공지능 기반 메신저 서비스
마이크로소프트	얼굴 인식, 인공지능 비서, 클라우드 기반 서비스
애플	얼굴 및 감정 인식, 자율주행 소프트웨어
삼성전자	음성 인식(Bixby), 자율주행 소프트웨어
네이버랩스	자율주행 시스템, 영상 및 음성 인식, 번역, 로보틱스
소프트뱅크	로봇 기반 인공지능 서비스(Pepper)
바이두	영상 및 음성 인식 전 분야(Deep Speech)

출처: 이현청(2018b).

〈표 4-1〉을 통해 볼 수 있듯이, 음성 인식, 자율주행 시스템, 감정 인식, 인공지능 서비스, 물류 자동화, 자가 의료 진단 등 삶의 전 영역에 걸쳐 인공지능이 가져다줄 변화는 가히 상상을 초월할 정도이다. 한마디로 인공지능의 기반이 일정 수준 이상으로 구축되면 인간이 상상하고 추측하는 모든 것이 현실화될 가능성도 있다.

앞서 언급된 몇몇 기업은 세계적인 인공지능 선두 기업들이지만 이들의 경쟁과 신기술 개발이 앞으로 어떤 삶의 형태를 가져다줄지는 알 수 없다. 교육의 측면 하나만 봐도 인공지능 교사와 인공지능에 의한 교육이 보편화될 날이 멀지 않아 보인다. 그뿐만 아니라 얼굴 인식이 일상화되면 보안 시스템 구매 행위, 보안업체의 업무, 인간 간의 상호 작용 등에 있어서 큰 변화를 가져다줄 것이다. 예를 들어, 통신 매체를 통한 커뮤니케이션 형태에서 가상현실 커뮤니케이션 형태로 바뀔 것이고, 시공을 초월한 얼굴 인식 시스템이나 음성 인식 시스템이 복합되면 인간과 인간의 관계 또한 엄청난 변화가 불가피할 것이다.

인공지능 기술의 사회적 파급효과

그림 4-1 ✤ 자율주행 시스템의 도로 상황 인식의 예(네이버랩스)

출처: 네이버 포스트(2017. 3. 30.).

인공지능 기술의 대표적인 예로 알려진 자율주행 시스템의 경우, 소위 '네이버랩스'라고 불리는 자율주행 시스템의 도로 상황 인식인데, 이것은 인공지능 기술의 복합 형태라 볼 수 있다.

자율주행 시스템은 LIDAR 및 카메라를 비롯한 다양한 센서로부터 획득한 정보를 기반으로 고정밀 영상 지도를 생성하고, 이를 바탕으로 현재 위치 추정, 차선·표지판·장애물 인식 등을 통해 사람의 수동 조작 없이도 감속 및 가속, 차선 변경이 가능한 무인주행 시스템이라 볼 수 있다. 이러한 무인주행 시스템이 도입되면 운송과 관련된 많은 일자리 감소가 예상되므로, 이를 보완하기 위한 대비책 마련이 논의되어야 하는 상황이다. 또한 자율주행과 관련해서 사고 발생 시 책임 문제에 대한 다양한 해석이 가능하기 때문에 명확한 법제도 마련 또한 시급한 실정이다.

자율주행 시스템의 확산은 운송, 교통, 지도 등 관련 영역의 대변화를 초래하고, 이러한 결과는 운송과 교통수단, 도로, 항만, 항공 등의 주행 시스템 전반에 대한 변화를 초래한다. 더구나 이러한 영역에 종사하는 직업군들의 대변화 또한 예견되며, 많은 일자리를 잃게 되겠지만 이와 동시에 새로운 기술 창출에 의한 신직업의 창출도 일어날 것이라 예견된다.

이외에도 인공지능 기술 기반으로 개인 물품을 운송하거나 전달하는 시스템이라고 볼 수 있는 '로봇 지타(Gita)'의 확산과 진화도 우리 삶에 큰 변화를 가져다줄 것이다. 이러한 기술이 진화되면 가까운 장래에 우리 개개인은 개인용 드론, 개인용 지타, 개인용 운송수단을 소유하게 될 가능성이 크다.

따라서 자율주행 기술은 자동차뿐만 아니라 드론(drone) 및 서비스 로봇에도 적용이 가능하다. 이탈리아 피아지오 사의 경우에는 카메라로부터 입력된 보행로의 상황을 인식한 후에 사용자만을 추적하는 기술을 통해 무거운 짐을 대신 운반할 수 있는 로봇(Gita)을 개발하여 상용화를 앞두고 있다. 특히 2019년에 상용화

될 가능성이 높은 하이퍼루프(hyperloop) 기술은 시속 1,200km의
튜브 열차나 탄환 열차의 등장을 예고하고 있어서 서울에서 부산
까지 16분, 뉴욕에서 서울까지 1시간 정도밖에 걸리지 않는 초고
속 항공기의 실용화의 날도 멀지 않았다. 이와 더불어 일상화된
자율주행 시스템도 주목할 필요가 있는데, 향후 자율주행 시스템
은 자동차 및 운송 관련 산업의 효율성을 극대화하는 동시에 일상
적인 이동 방식에도 많은 변화를 가져올 것으로 예측된다. 이러
한 변화는 물류·운송·유통 시스템 전체 패러다임의 변화를 가
져다줄 것이다.

그림 4-2 ❖ 미국 하이퍼루프 제작 홍보 자료(2018)

이와 함께 인공지능 기반 기술의 대변화 영역 중 하나는 의과학
분야로, 의료 현장에서의 변화를 들 수 있다. 1980년 PC 도입 이
후 가장 큰 변화를 가져온 영역이 의료 분야이다. 인공지능 기반
의료 진단 시스템은 상상을 초월할 정도로 하루가 다르게 변화하

고 있는데, 2030년을 기점으로 인간의 생명이 125세로 연장될 가
능성이 높고, 이러한 장수 시대에 걸맞은 의료 분야의 기술은 그
기본이 인공지능에서 비롯되었다고 볼 수 있다. 자가진단, 자가
치유, 자가생명주기예측 등 인공지능 기반 의료 진단 시스템은 우
리 삶의 전체를 바꿔 놓을 가능성도 있다. 우리나라에서도 일부
병원에서 도입하여 활용하고 있는 '왓슨'이나 '원격 진료 시스템'
'원격 수술 시스템' 등이 인공지능 기반 의료 진단 시스템과 치료
시스템의 예라고 볼 수 있다. 향후에는 이러한 시스템이 일반화
될 것이고, 인간 의사보다 인공지능 의사의 진단과 수술, 처방 등
이 대폭 확산될 가능성이 매우 높다. 의료교육 현장에서도 이러
한 변화에 부응하기 위해 선진국에서 일찍부터 도입해 온 문제 중
심 학습(Problem Based Learning: PBL)을 확산시켰는데, 이는 인공
지능 시스템 도입과 인공지능형 진료에 대비한 교육적 노력의 일
환이라고 볼 수 있다.

앞서 예로 들었던 '왓슨'의 경우, 의료 영상 내 병변 영역을 자동
으로 검출하고 영상만으로 고정밀 진단을 수행하는 IBM 인공지
능 왓슨에 의해 진단이 이루어진다. 특히 IBM에서 많은 연구가
이루어지고 있는데, 의사, 의료 연구원, 의료 장비 관련 기업들이
종합적인 정보를 사용할 수 있도록 하는 개방형 플랫폼 제공을 위
해 왓슨을 기반으로 하는 대용량 헬스 클라우드(Health Cloud) 시
스템을 구축·활용하고 있다. 이와 연관된 예로서 알파고로 유명
한 구글의 딥마인드 사는 암뿐만 아니라 다양한 의료 영상에서의
병변 영역 검출 및 진단이 가능한 시스템을 이미 완성하여 테스트

중에 있다. 국내의 루닛 사의 경우에도 X-ray 영상 및 병리학 영상 분석을 위한 인공지능 기술을 다수 보유하고, 인공지능형 로봇과 영상 분석 시스템을 구축하고 있다.

이와는 달리 인공지능형 로봇 산업 영역의 하나로 반려로봇시장을 들 수 있는데, 근래 들어 반려로봇시장이 가파르게 성장하고 있는 가운데(2022년까지 38조 원대로 성장할 것으로 예상) 인공지능 기술이 적용된 제품이 다수 출시되어 사용되고 있다. 반려로봇인 '코즈모(Cozmo)' '큐리(Kuri)' '지보(Jibo)' '젠보(Zenbo)' 등이 대표적인 예이다. 로봇은 얼굴 및 음성 인식 등 인공지능 핵심 기술을 이용하여 집안일을 돕기도 하며, 사용자와의 상호 작용을 기반으로 한 엔터테인먼트 또한 제공함으로써 우리 삶의 곁에서 서비스, 동반자, 조력자 역할을 수행하고 있다. 한마디로 인공지능 기술 기반 생체 인증을 통한 다양한 서비스 제공 또한 많은 영역에서 활발히 진행되고 있다는 것을 알 수 있다.

알리바바 사의 경우, 얼굴 인식을 이용한 결제 시스템을 제공하여 현재 사용자가 5억 명에 이를 정도로 확장되고 있고, 중국판 우버로 불리는 디디추싱 사 또한 사용자의 얼굴 인증을 통해 서비스를 제공하고 있다. 그 밖에도 영상 인식 및 증강현실 기술을 결합한 장소/작품 안내(박물관, 백화점 등), 영상을 통해 옷을 미리 입어 보고 구매 결정을 가능케 하는 사용자 맞춤형 패션 뷰 시스템, 실내 가상 인테리어 시스템 등 다양한 분야에서 인공지능 기술 기반 서비스가 적용되고 있다. 이러한 변화들은 10년 이내에 우리의 산업 지도와 서비스 지도, 그리고 취업구조를 완전히 바꾸어 놓을 가능성이 높다.

한 예로서 아마존 사의 무인마트 서비스를 들 수 있는데, 사용자는 더 이상 줄 설 필요 없이 원하는 물건을 언제든 바로 구매할 수 있어 일상생활의 편의가 효과적으로 증진될 것으로 기대하고 있다. 아마존 사의 무인마트 서비스는 매우 가까운 장래에 24시간 편의점이나 백화점, 대형마트에 이르는 서비스로 정착될 가능성이 높고, 앞으로 백화점이나 대형마트, 그리고 편의점 등은 무인마트 서비스 형태로의 전환이 불가피할 것으로 보인다.

4차 산업혁명 시대의 유망 직업·기술

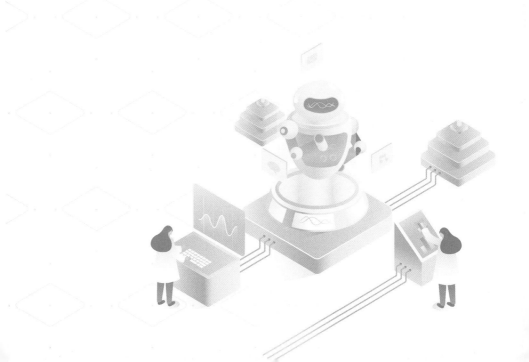

제4차 산업혁명 시대의 유망 직업·기술

4차 산업혁명 시대에는 직업 생태계의 커다란 변화가 예견되고, 그 주된 경향은 급격한 AI 혁명과 빅데이터의 활용, 그리고 클라우드 컴퓨팅의 진화 등에 따른 융합형 기술, 융합형 네트워크, 시공을 초월한 가상현실의 도래, 그리고 초스피드와 초융합형 산업혁명 때문이다. 2020년 이후에는 AI가 많은 직업을 대체하게 될 것이고, 2030년 이후에는 AI형 산업인력이 인간형 산업인력을 대체할 수 있을 것으로 예견되고 있다. 이러한 변화는 유망 직업·기술의 변화를 의미하며, 이는 곧 교육 전반의 대변혁을 예견하는 것이다. 따라서 4차 산업혁명 시대에는 사라질 직업도 많고, 새로운 첨단 기술의 융합에 따라 새로운 직업군의 창출도 이루어질 것이다. 이러한 직업 생태계의 대변화에 대해 미래학자들은 인간이 대량 실직할 것이라는 우려의 견해가 있는가 하면, 이와 반대로 새로운 일자리가 더 많아질 것이라고 하는 낙관적 견해로 이원화되어 있는 실정이다. 어떤 형태든 간에 4차 산업혁명 시대의 유망 직업과 기술은 현재의 직업군과는 많은 차이를 보일 것

이 분명하다. 4차 산업혁명 시대의 유망 직업과 기술에 대한 한국
고용정보원(2016)의 자료를 뉴시스에서 도시한 내용을 보면 이러
한 변화를 읽을 수 있다.

첨단 과학 및 사업 분야		삶의 질·복지·공공안전 분야
인공지능전문가	착용로봇개발자	사이버포렌식전문가
빅데이터분석가	드론운항관리사	범죄예방환경전문가
가상현실전문가	스마트도로설계자	동물매개치료사
사물인터넷전문가	개인간대출전문가	도그워커
공유경제컨설턴트	의료정보분석가	크루즈승무원
로봇윤리학자	스마트팜구축가	메이커스랩코디네이터
스마트의류개발자	엑셀러레이터매니저	감정노동상담사

4차 산업혁명 시 유망 직종	10대 미래 유망 기술
로봇윤리학자	빅데이터 기반 사기방지 기술
공유경제컨설턴트	온라인·모바일 금융 거래 보안 기술
가상현실전문가	사물인터넷(IoT 보안)
의료정보분석가	정신건강 진단·치료 기술
동물매개치료사	소셜로봇(공감로봇 기술)
	빅데이터 기반 감염병 예측·경보 시스템
	시스템 기반 미세먼지 대응 기술

그림 5-1 ❖ 4차 산업혁명 시대 유망 직업ㆍ기술: 4차 산업혁명이
미래의 직업세계에 미치는 영향을 주제로 분야별 미래 유망 직업 21개 소개
출처: 뉴시스(2016. 11. 4.).

🖥 유망 직업

[그림 5-1]을 다시 정리해 보면, 유망 직업 분야는 첨단 과학ㆍ사업 분야와 삶의 질ㆍ복지ㆍ공공안전 분야로 대별될 수 있는데, 이 분야의 구체적인 유망 직업명을 열거하면 다음과 같다.

1) 첨단 과학ㆍ사업 분야

△인공지능전문가 △빅데이터분석가 △가상현실전문가 △사물인터넷전문가 △공유경제컨설턴트 △로봇윤리학자 △스마트의류개발자 △착용로봇개발자 △드론운항관리사 △스마트도로설계자 △개인간대출전문가 △의료정보분석가 △스마트팜구축가 △엑셀러레이터매니저 등 14개가 유망 직업으로 선정되었다. 이들 첨단 과학ㆍ사업 분야 중 스마트의류개발자를 비롯해서 새로운 영역의 유망 직업군은 다양한 기술과 최첨단 기법을 필요로 한다.

(1) 스마트의류개발자
- 의류에 디지털 센서, 초소형 컴퓨터 칩 등을 부착하여 디지털화된 의류 개발
- 외부 자극을 감지하고 반응할 수 있는 형태의 의복부터 넓게는 미래의 일상생활에 필요한 각종 디지털 기능을 의류에 통합한 첨단 의류 개발

(2) 드론운항관리사

- 드론 운항의 잠재적 위험, 운항 시 장애물 등을 분석하고 운항의 안정성을 확보할 수 있는 업무 수행

(3) 착용로봇개발자

- 사람이 입거나 장착할 수 있는 로봇 개발

(4) 공유경제컨설턴트

- 공유경제 아이템 창출과 공유경제 비즈니스 모델 개발, 그리고 컨설팅, 강의 등을 실시

(5) 가상현실전문가

- 각종 응용 분야에서 다양한 세계를 생동감 있게 체험할 수 있도록 하는 시스템 개발

(6) 개인간대출전문가

- 개인 간 대출, 소기업과 재테크를 원하는 투자자를 연결하는 일과 대출을 원하거나 필요로 하는 상점의 판매시점관리(POS) 단말기의 매출을 분석하거나 개인의 SNS 등을 분석해 상환 능력을 점검하고 대출 가능 금액을 결정한 후에 일반 투자자들이 이 정보를 보고 투자를 할 수 있도록 유도

(7) 스마트도로설계자

- 외부 환경을 인지·판단해 자율주행 자동차의 효율적 운행과 안전을 지원하는 지능화된 도로 기반인 스마트도로를 계획, 설계, 관리

(8) 로봇윤리학자

- 자동화된 시스템에서 기계나 컴퓨터 혹은 인공지능이 판단을 내려야 할 때 어떤 윤리 기준을 적용하는 것이 옳은지를 연구하고 적용

2) 삶의 질·복지·공공안전 분야

△사이버포렌식전문가 △범죄예방환경전문가 △동물매개치료사 △도그워커 △크루즈승무원 △메이커스랩코디네이터 △감정노동상담사 등의 7개 유망 직업을 들 수 있다.

(1) 사이버포렌식전문가

- 사이버 범죄 증거 확보를 위해 디지털기기를 복구하고 분석해 법정 증거 제출을 위한 보고서를 작성하고, 기업에서는 기밀 노출 등 사이버 범죄 예방을 위한 활동과 관련된 감사업무 수행

(2) 메이커스랩코디네이터

- 메이커스랩(3D 프린터 등 장비를 갖춘 디지털 공방)과 같은
  공간에서 이용자가 안전하게 장비를 이용할 수 있도록 지
  도하고 장비 유지 관리와 안전 담당

(3) 감정노동상담사

- 감정노동을 하며 겪는 신체적 · 정서적 · 행동적 이상 증상
  으로 고통을 호소하거나 심각한 스트레스 상황에 처한 노
  동자를 대상으로 심리검사, 상담프로그램 등을 활용해 문
  제 해결

🖥 10대 미래 유망 기술

〈표 5-1〉 4차 산업혁명을 이끄는 기술

메가트렌드	핵심 기술	활용과 전망
물리학 기술 (physical technique)	무인 운송수단	• 센서와 인공지능의 발달로 자율 체계화된 모든 기계의 능력이 빠른 속도로 발전함에 따라 드론, 트럭, 항공기, 보트 등 다양한 무인운송수단 등장 • 현재 드론은 주변 환경의 변화를 감지하고 이에 반응하는 기술을 지녀 충돌을 피하기 위해 항로 변경 등이 가능

3D 프린팅	• 3D 프린팅은 입체적으로 형성된 3D 디지털 설계도나 모델에 원료를 층층이 겹쳐 쌓아 유형의 물체를 만드는 기술임 • 기존의 절삭(subtractive) 가공 방식이 필요 없는 재료의 층을 자르거나 깎는 방식인 데 반해, 3D 프린팅은 디지털 설계도를 기반으로 하여 유연한 소재로 3차원 물체를 적층(additive)해 나가는 방식임 • 현재 자동차, 항공 우주, 의료 산업에서 주로 활용되며, 의료 임플란트에서 대형 풍력 발전기까지 광범위하게 활용 가능
로봇공학	• 로봇은 과거에는 프로그래밍되어 통제된 업무 수행에 국한하여 사용되었으나 점차 인간과 기계의 협업을 중점으로 하여 개발되고 있음 • 센서의 발달로 로봇은 주변 환경에 대한 이해도가 높아지고, 그에 맞춰 대응도 하며, 다양한 업무 수행이 가능해짐 • 클라우드 서버를 통해 원격 정보에 접근이 가능하고, 다른 로봇들과 네트워크로 연결이 가능함
그래핀 (신소재)	• 기존에 없던 스마트 소재를 활용한 신소재(재생 가능, 세척 가능, 형상기억합금, 압전세라믹스 등)가 시장에 등장함 • 그래핀(graphene)과 같은 최첨단 나노 소재는 강철보다 200배 이상 강하고, 두께는 머리카락의 100만 분의 1만큼 얇으며, 뛰어난 열과 전기의 전도성을 가진 혁신적인 신소재임

디지털 기술 (digital technique)	사물인터넷	• 사물인터넷은 만물인터넷이라고도 불리며, 상호 연결된 기술과 다양한 플랫폼을 기반으로 사물(제품, 서비스, 장소)과 인간의 관계를 의미함 • 더 작고 저렴하며 스마트해진 센서들은 제조 공정, 물류, 집, 의류, 액세서리, 도시, 운송망, 에너지 분야까지 내장되어 활용됨
	블록체인 시스템	• 블록체인(block chain)은 서로 모르는 사용자들이 공동으로 만들어 가는 시스템인데, 프로그래밍이 가능하고 모두에게 암호화(보완)되어 공유되기 때문에 특정 사용자가 시스템을 통제할 수 없음 • 현재 블록체인 기술인 비트코인(bitcoin)을 이용하여 금융 거래를 하고 있으며, 향후 각종 국가발급증명서, 보험금 청구, 의료 기록, 투표 등 코드화가 가능한 모든 거래가 블록체인 시스템을 통해 가능해질 전망임
생물학 기술 (biological technique)	유전학 기술	• 과학 기술의 발달로 유전학 염기서열분석의 비용은 줄고 절차는 간단해졌으며, 유전자 활성화 및 편집도 가능해짐 • 인간게놈프로젝트 완성에 10년이 넘는 시간과 27억 달러가 소요되었으나, 현재는 몇 시간과 1,000달러 가량의 비용만이 소요됨
	합성생물학 기술 (synthetic biology technique)	• 합성생물학 기술은 DNA 데이터를 기록하여 유기체를 제작할 수 있어 심장병, 암 등의 난치병 치료를 위한 의학 분야에 직접적인 영향을 줄 수 있음 • 데이터 축적을 통해 개인별 맞춤 의료 서비스 및 표적 치료법도 가능해짐 • 농업 및 바이오 연료 생산과 관련해서도 대안을 제시할 수 있는 기술임

유전자 편집 기술	• 유전자 편집 기술을 통해 인간의 성체줄기 세포를 변형할 수 있고, 유전자 변형 동식 물도 만들어 낼 수 있음

출처: 송경진 역(2016). pp. 36-50.

1) 인공지능 분야

10대 미래 유망 기술을 개발하는 미래 산업의 원동력은 여러 가지 영역 중에서도 인공지능 분야라고 할 수 있다. 인공지능 분야는 융합 기술의 기초가 되는 분야라고 볼 수 있고, 빅데이터와 클라우드 컴퓨팅 등의 영역과 복합될 때 다양한 형태의 신기술이나 신직업을 창출해 내는 역할을 하는 분야이다. 웹 기반을 중심으로 하는 빅데이터 수집 분석과 판단 능력, 인간을 대체하는 다양한 직종에서의 역할 수행, 예측과 분석 및 판단 등의 역할을 수행하는 중요한 기술 분야라 볼 수 있다.

(1) 웹 기반 빅데이터 수집·분석 패키지 기술

빅데이터를 분석하기 위한 정형화된 데이터뿐만 아니라 비정형 형태의 빅데이터까지 저장하고 관리하는 웹 기반 빅데이터 수집·분석 패키지 기술은 언제 어디서나 데이터에 접근할 수 있는 클라우드 컴퓨팅 기반을 활용하는 기술이다. 웹 기반 빅데이터 수집·분석 패키지 기술은 시스템 내에서 데이터를 수집·분석하고 이를 자료화하여 현장에서 활용할 수 있도록 방대한 데이터를 구축하고 응용할 수 있는 시스템이라고 볼 수 있다. 웹 기반을 중심으로 하는 빅데이터의 수집 · 분석 패키지 기술은 AI 영역에서 가장 중요한 기술 중 하나라고 볼 수 있다.

이러한 웹 기반 빅데이터 수집 · 분석 패키지 기술의 예는 데이터 사이언티스트의 역할을 수행한다든지, 의사결정에 도움을 주는 인공지능 의사결정의 역할을 한다든지, 복제 인공지능 엔진을 활용한다든지, 증강현실과 결합된 기술을 활용한다든지 하는 데 쓰인다.

(2) 데이터 사이언스 인공지능

창업 기업이든 대기업이든 상관없이 자동화가 확대되고 있고, 이 자동화의 확대에 따라서 데이터를 수집하고 분석하여 이를 현장에서 활용할 수 있는 전문 인력을 필요로 한다. 이러한 전문 인력은 소위 데이터 사이언티스트라고 볼 수 있는데, AI는 데이터 사이언티스트들의 수요를 보충하는 데 커다란 역할을 할 것으로 보인다. 데이터 사이언스 인공지능은 향후 중요한 직업군으로 분류될 수 있고, 이는 사람만이 아닌 AI에 의해 대체될 수도 있다는 의미를 담고 있다.

(3) 의사결정 관련 인공지능

일반적으로 알고리즘은 분석한 자료에 대한 결과만을 제시할 뿐 그 결과에 대한 이유나 원인을 설명하지 않는다. 그러나 의학 영역이나 의사결정 과정에서 원인과 이유가 설명되지 않는다면 의사결정에 지대한 영향을 미칠 수 있다. 특히 질병과 관련된 의

과학 영역에 있어서는 설명이 필요할 때도 있고, 원인을 규명해
야 할 때도 있기 때문에 AI가 그렇게 결정한 이유를 알려 주고 어
떤 변수로 인해 환자가 어떤 질병을 가지게 되었는지를 규명하는
일이 중요하다. 의사결정 관련 인공지능은 AI가 이러한 의사결정
과정에 보조적 역할 내지는 주된 역할을 할 수 있다는 것을 의미
한다. 이것은 소위 매칭 알고리즘 영역과 연관되어 앞으로의 산
업 생태계에 커다란 변화를 초래할 수 있는 중요한 기술 영역이라
고 볼 수 있다.

(4) 자가복제가 가능한 인공지능엔진 개발

구글 사에서 2017년 5월에 발표한 AutoML은 자가복제와 새로
운 인공지능 솔루션을 구축하는 방법을 학습할 수 있는 인공지능
도구이다. 이 도구는 제어가 가능한 네트워크로 활동할 수 있다
는 것이 특징이다. NASNet이라 불리는 로봇은 실시간 비디오를
통해 제공되는 다양한 물체를 식별할 수 있으며, 이미지 예측 결
과와 관련해 약 82.7%의 정확성을 보이는 것으로 나타났다. 이런
자가복제의 새로운 인공지능 솔루션은 현존하는 컴퓨터 비주얼
문제를 해결하기 위한 중요한 개발 영역이라고 볼 수 있고, 이러
한 기술은 점차 첨단화되고 확대되리라고 본다.

(5) AR 기능과 AI의 접목, 구글 렌즈

구글 렌즈는 스마트폰의 카메라를 물체에 가져다대면 이를 식
별하여 관련 검색 결과 및 정보를 표시한다. 즉, 사진을 찍는 것

만으로도 제품의 이름, 가격, 구입처 등을 확인할 수 있는 것이다. 인식 대상이 글자인 경우에는 이를 문자로 변환할 수 있는데, 명함을 카메라로 찍으면 그대로 주소록에 등록할 수 있고, 예술 작품과 콜로세움, 에펠탑 등 랜드마크도 식별할 수 있어서 고도의 전문성을 요하는 서비스에도 활용이 가능하다. 새롭게 추가된 '스마트 텍스트 선택' 기능은 인식한 글자 중에서 특정 부분을 선택할 수 있는 기능인데, 예를 들어 레스토랑 메뉴 중 무엇인지 잘 모르는 요리를 선택하면 구글 렌즈가 그 내용을 설명한다. 외국어로 되어 있을 경우에는 번역도 가능하다(일간투데이, 2018. 6. 23.).

(6) 컨설턴트용 인공지능

컨설턴트용 인공지능은 향후 직업 생태계에 엄청난 변화를 가져다줄 것으로 보인다. 금융에서 상담에 이르기까지 다양한 영역에서 자문하고 문제를 해결하며 대안을 제시하는 인공지능의 역할을 할 것이다. 아마존에서 개발한 AI 알렉사에는 음악 연주나 농담 같은 15,000개 기술에 이어 스위스 국제 금융 서비스 기업인 UBS 그룹의 콜센터 역할이 추가됐는데, 이러한 컨설턴트용 인공지능의 기법은 월스트리트에서도 전화나 웹 사이트 없이 금융과 경제에 관한 자문을 하고 예약, 시장분석, 주식 매매 등도 수행할 수 있는 인공지능 기술 영역이다. 이러한 컨설턴트용 인공지능은 앞서 언급한 것처럼 컨설턴트, 변호사, 회계사 등 분석을 통한 판단을 하는 직업군을 크게 변화시킬 것으로 예측된다. 따라서 현재의 컨설턴트에 준하는 다양한 직종은 인간 대신 AI가 대체할 가능성이 매우 높고, 아주 가까운 장래에 컨설턴트 산업 분야에 큰 파장을 예고할 것으로 보인다.

(7) 보건 의료 진료용 AI

인공지능은 1차 산업에서부터 3차 산업 영역에 이르기까지 다양한 직종에 걸쳐 커다란 변화를 예고하고 있고, 직업 생태계의 빅뱅을 초래할 것으로도 예견된다. 특히 보건 의료 계통에서는 의사 대신 진찰하고 수술하고 회복시키는 데 이르기까지 커다란 역할을 수행할 것으로 보인다. AI는 역할에 따라 진료형 AI, 치료형 AI, 회복형 AI, 수술형 AI 등 다양한 형태의 의료 지원 시스템으로서의 역할을 수행할 것으로 보인다. AI는 다른 영역에서도 그러하겠지만 보건 의료 영역에서는 매우 중요한 역할을 수행할 것으로 예측된다. 예를 들어, AI 의사, AI 간호사, AI 약사, AI 의료기술자, AI 진료보조, AI 의료행정요원, AI 병원매니지먼트요원, AI 의료 컨설턴트 등 다양한 형태의 보건 의료 지원체제로서 중요한 역할을 수행할 것으로 보인다. 따라서 보건 의료 영역에서의 AI는 향후 의료 데이터 검증, 실시간 오류 발견 및 교정, 그리고 의료 서비스의 향상 등에 기여할 것으로 보인다. 의료계의 관측에 의하면, AI는 환자의 당일 취소율을 낮추며 수술대기, 환자 과밀, 환자 감소, 과도한 병원 내 대기 등의 문제를 해결할 수 있을 것으로 보인다.

(8) AI 기술의 진화 예측 연도

전 세계 머신러닝 전문가를 대상으로 실시한 한 설문조사에 의

하면, AI가 모든 일자리를 대체하는 데에는 120년이 걸릴 것으로 예측하고 있지만, 45년 안에 현재 인간이 갖고 있는 직업의 절반이 AI로 대체될 것이라는 결과가 나왔다(The enterprisers project, 2018. 1. 16.). 이들 전문가들은 향후 40년 이내에 AI가 다음과 같은 분야에서 인간을 능가할 것으로 예측했다.

- 언어 번역: 2024년
- 학교 작문 쓰기: 2026년
- 트럭 운전: 2027년
- 소매업 노동자: 2031년
- 베스트셀러 책 쓰기: 2049년
- 외과 의사: 2053년

일단 AI의 고도화가 이루어지면 인간이 하던 일들의 많은 부분을 AI가 대체할 것이고, AI 시스템이 빠른 속도로 대체하게 되면 인간의 직업을 대체할 뿐만 아니라 지능 면에서도 급격한 진화를 이루어 인간을 앞설 수 있다는 가능성 또한 배제할 수 없다. 특히 초지능의 가능성을 배제할 수 없는데, 초지능을 가진 AI가 확대될 경우에는 어쩌면 현재의 지능보다 훨씬 우월한 지능을 갖춘 AI 시스템에 의해 직업 생태계, 문화, 교육, 정치, 군사 등의 전 영역에서 변화가 일어날 수 있다. 영국 셰필드대학교의 로봇 및 AI 전문가 노엘 샤키(Noel Sharkey)는 "미래 예측 설문의 유효성은 5~10년 정도에 그쳐야 한다."고 제안하고 있다. 노엘 샤키는 가까운

미래는 예측이 가능하지만 중장기 예측은 정확한 근거 없이 이루
어질 경우에 왜곡될 가능성이 높다며 이에 대해 우려를 표시했다
(BBC NEWS, 2017. 6. 20.).

(9) AI 연구의 세계적 동향

AI에 관한 연구는 세계적인 연구 주제이고, 많은 나라에서 AI
분야의 선두 주자가 되기 위해 재정과 인력 및 정책을 집중 투자
하고 있다. 그중 두드러진 나라로 싱가포르와 홍콩을 들 수 있는
데, 이 두 국가는 AI에 사활을 걸고 있다. 일본 '주우 온라인(Zuu
online)'은 2011~2015년 세계 각국에서 발표된 4만1천 건의 AI
관련 연구 논문을 바탕으로 AI 분야 특허 동향, 주요 대학의 AI 연
구 논문 수, 피인용 횟수 등을 분석하여 AI 연구 역량 자료를 발표
했다. 논문 발표 건수는 중국이 3만7천 건을 넘는 논문을 발표
표함으로써 미국(2만5천 건), 일본(1만2천 건)을 추월했다. 하지
만 연구의 양과 질에는 상당한 차이가 있는 것으로 나타났다. 논
문 피인용 횟수 등을 기준으로 평가한 '인용 영향력 점수'에 따르
면 국가별 순위가 크게 바뀐다. 국가별 순위를 보면, 1위 스위스
(2.71), 2위 싱가포르(2.24), 3위 홍콩(2.00), 4위 미국(1.79), 5위 이
탈리아(1.74) 등의 순이다(로봇신문, 2017. 11. 12.).

로봇신문에 보도된 이 기사의 보고서에 따르면, AI 연구 역량이
높은 대학교의 순위에서 1위와 2위를 각각 미국의 대학교가 차지했
고, 3위를 싱가포르의 대학교가 차지했다. 홍콩, 싱가포르의 대학
교들이 10위권에 포진해 있으며, 중국의 대학교도 10위권에 1개

가 포함되었다. 대학교별 순위를 보면, 1위 MIT(미국, 3.57), 2위 카네기멜론대학교(미국, 2.53), 3위 난양이공대학교(싱가포르, 2.51), 4위 그라나다대학교(스페인, 2.46), 5위 남부캘리포니아대학교(미국, 2.35), 6위 뮌헨공과대학교(독일, 2.27), 7위 중국과학원대학(중국, 2.26), 8위 홍콩폴리테크닉대학(홍콩, 2.20), 9위 싱가포르국립대학교(싱가포르, 2.14), 10위 홍콩중문대학교(홍콩, 2.09) 등의 순이다.

한편, 우리나라의 논문 발표 건수는 세계 9위이지만 다른 질적인 평가와 대학별 순위에서는 10위권에 들지 못해 AI 분야에서는 아직 선진국들과 차이가 많은 것으로 평가되었다. 이처럼 AI의 영역은 세계적인 연구 경쟁 분야이고, 각 나라에서는 AI를 4차 산업의 핵심 기술로 인정하고 자국의 경제 발전과 세계적 경쟁력의 중요한 요인으로 인식하여 집중 투자하고 있음을 알 수 있다. 앞서 AI에 의해서 직업이 대체될 예측 연도를 제시했지만 이러한 예측 연도는 지금의 기술 변화와 각국의 집중 투자 관점에서 볼 때 훨씬 앞당겨질 가능성이 높다. 인간의 전 직업에 AI가 대체될 예측 소요 연도를 120년으로 추정하고 있지만, 오히려 절반 내지 수십 년 당겨질 가능성도 매우 높다고 판단된다.

2) 빅데이터 분야

빅데이터는 4차 산업혁명에서 없어서는 안 될 중요한 기술 분야이자 콘텐츠 분야이고, 일종의 원자재 영역이라고 볼 수 있다.

데이터가 많으면 많을수록 빅데이터가 되는 것이고, 빅데이터는 보다 정확한 예측과 진단 및 대안 제시를 가능하게 하기 때문이다. 빅데이터와 관련된 부분은 국가별로는 미국을 비롯한 선진국이 선점을 하고 있고, 기업별로는 구글이나 아마존, 그리고 애플 등이 앞서 있는 기업군에 속한다. 빅데이터는 지속적으로 방대해질 것이고, 방대해진 데이터를 근거로 보다 정확한 분석이 이루어질 것으로 예측된다. 빅데이터와 관련된 분야에 각국의 동향과 최신의 흐름을 정리해 보면 다음과 같다.

① 우선 미국은 상대적으로 정보 활용에 우호적인 문화적·제도적 배경하에서 자유로운 데이터 거래 및 빅데이터 분석이 이루어지고 있는 환경 덕분에 빅데이터 산업과 기술에서 가장 앞선 나라 중 하나이다. 앞서 언급한 구글 등의 대표적인 회사들 또한 미국의 기업이라는 점에서 쉽게 우위를 점하고 있다는 것을 짐작할 수 있다.

② 중국의 경우에도 민간 주도보다는 정부 주도로 방대하게 축적된 데이터를 활용하여 정보 산업 분야에서 미국과 경쟁하기 위해 많은 노력을 기울이고 있고, 어떤 면에서는 미국과 경쟁을 하는 위치에 있다고 볼 수 있다.

③ 한편, EU도 미국, 중국과 경쟁해 나가기 위해 민간 부문의 빅데이터 활용이 원활하게 이루어질 수 있도록 제도 개선을 추진

중이고, 캐나다, 호주, 일본 등도 이에 못지않게 빅데이터의 구축과 공유 내지 기법 개선에 노력을 기울이고 있다.

④ 그러나 거대 경제권역에서의 논의 등을 감안해 볼 때, 빅데이터가 안고 있는 매우 심각한 쟁점이라고 볼 수 있는 개인 정보와 사생활 침해 문제를 해결하는 것이 중요한 과제로 등장하고 있다. 따라서 정보보호와 활용 간에 균형을 도모할 필요가 절실해졌으며, 특히 정보활용동의제도를 실질화하고 개인 정보에 대한 자기결정권도 보장하는 등 개인 정보와 사생활 유지를 위한 다양한 법제도적·윤리적 보완책이 요구된다. 이와 관련된 조치의 하나로서 금융권 정보보호 상시평가제 도입 등을 통해 더욱 신뢰받는 금융 환경을 조성하는 방안을 들 수 있다.

빅데이터와 관련된 다른 예로는 경기도에서 제공되고 있는 맞춤형 일자리 빅데이터라든지, 의료 데이터 표준화, '분산형 바이오 헬스 빅데이터 사업단' 등을 들 수 있다. 이밖에도 'CCTV 우선 설치 필요 지역' '119구급차 배치·운영 최적화 방안' '내외국인 관광객의 관광 패턴' 등을 들 수 있다.

의료 데이터 표준화, '분산형 바이오 헬스 빅데이터 사업단'은 각 병원별로 상이한 포맷의 의료 데이터를 표준화하되 이를 한곳에 모으는 것이 아니라 각 병원에 그대로 두고 거점으로 연결하는 것으로, 분석용 소프트웨어를 통해 각 병원의 통계적 분석 결과만을 연구의뢰자에게 제공하는 시스템이다. 이러한 시스템을 통해 개별 환자의 정보가 유출되지 않고 보호될 수 있다.

⑤ 일부 카드회사에서도 빅데이터를 활용하여 생활 속 소비동향을 분석하는 시스템을 도입하고 있다. 예를 들어, 신한카드에서는 소득 수준, 나이, 부채 규모 등 카드 소비 빅데이터를 활용한 경기 선행 지표인 '신한 딥 인덱스(Shinhan Deep Index)'를 개발했다. 신한 딥 인덱스는 나이, 성별, 소득 수준, 부채 규모 등의 소비자 데이터와 업종, 매출 규모 등 가맹점 특성 데이터 등을 조합하여 만든 경기 선행 지표이다. 소득 수준에 따라 자동차 구매나 여행 소비를 줄이면 3개월 후에 경기가 나빠지고, 자녀 교육비나 육류 소비가 늘어나면 경기가 곧 회복되는 선행 지표라는 것이 신한카드의 설명이다. 이 같은 신한 딥 인덱스를 국내 기존 주요 경기예측 지표들과 함께 사용해 보니 예측력이 기존 대비 13%가량 개선됐다는 결과가 나왔다(문화일보, 2017. 12. 21.).

⑥ 빅데이터와 관련하여 윤리와 개인 정보 문제, 그리고 신뢰성 문제의 쟁점 이외에도 빅데이터 활용을 위해서 필요한 인력 양성이 시급한 실정이다. 일본의 경우, 2년 뒤 약 5만 명의 데이터 사이언스 인력이 부족할 것으로 예측하고 있고, 지난 1년 새에 데이터 사이언스 인력이 6배 증가했다고 보고하고 있다. 플리마켓 애플리케이션으로 유명한 메르카리 사의 경우에는 2018년에 15명의 데이터 사이언티스트를 고용했지만 일본과 미국, 영국 등에서 빅데이터 관련 활용이 누적 다운로드 1억 건을 돌파하는 등의 열풍을 이어 가고 있는 현실에 비추어 볼 때 더 많은 데이터 사이언스 인력이 필요하다는 것을 알 수 있다. 야후재팬 역시 데이터 사

이언스 관련 분야 인재만 500명 가까이 근무하고 있지만 장기적
으로는 2천 명 규모로 인재를 확대하겠다고 밝혔다. 이렇듯 데이
터가 커지면 커질수록, 활용 볼륨이 커지면 커질수록 이와 관련된
데이터 사이언티스트의 수요는 급증하고 있음을 알 수 있다. 우
리나라의 경우에도 향후 데이터 사이언스 인력 양성이 시급한 실
정이다.

⑦ 일본 대학의 데이터 사이언티스트 육성

요코하마시립대학교는 2018년 4월부터 수도권에서는 처음으로
'데이터 사이언스 학부'를 개설하고 통계학과 AI의 기초, 데이터
가공지식 등을 가르치고 있다. 동 대학의 타구리 마사타카(田栗 正
隆) 교수는 "사회의 수요에 대응하기에는 현재 일본의 교육기관

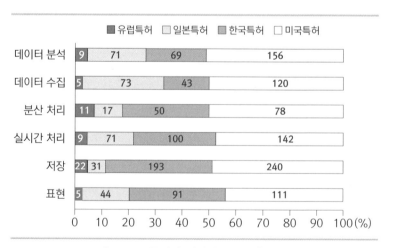

그림 5-2 ❖ 국가별 빅데이터 특허출원 동향

출처: 파이낸셜뉴스(2017. 11. 12.).

규모로는 충분하지 않다."고 말했다. 한편, 사가대학교는 한발 앞
서 2017년 4월에 데이터 사이언스 학부를 신설했다. 정원은 100
명이지만 이를 상회하는 110명이 입학했다. 인터뷰에 응한 대학
관계자는 "입학희망자뿐 아니라 기업의 문의도 많다."고 말하며,
"올해 입학희망자는 작년보다 많을 것으로 예상하고 있다."고 밝
혔다(뉴스투데이, 2018. 2. 13.).

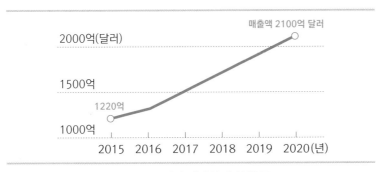

그림 5-3 ❖ 세계 빅데이터 산업 규모

출처: 조선일보(2018. 9. 3.).

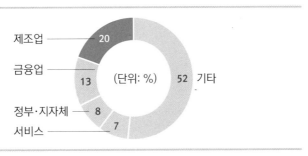

그림 5-4 ❖ 세계 빅데이터 시장의 산업별 비중

출처: 조선일보(2018. 9. 3.).

⑧ 4차 산업혁명 시대의 빅데이터 시장, 매년 11.9% '폭풍성장'

심평원은 최근 'HIRA 빅데이터 브리프'를 통해 세계 빅데이터 시장은 2017년에는 1,508억 달러이며, 오는 2020년에는 2,100억 달러로 연평균 11.9% 성장할 것으로 예상했다. 세부적으로 보면, 2017년에는 뱅킹이나 조립제조, 공정제조, 연방/중앙정부, 전문서비스 분야에 총 724억 달러를 투자했고, 2020년에는 1,015억 달러 규모에 이를 것으로 보았다.

- 산업별로 살펴보면, 뱅킹 부문의 경우에는 연평균 13.3%로 가장 빠른 성장세를, 헬스케어나 보험, 증권과 자본투자중개업, 통신 부문은 연평균 12.8%의 성장을 예측했다.
- 국내 빅데이터 시장은 2016년에는 3,440억 원 규모였으며, 이는 2015년의 2,623억 원 대비 30% 이상 고성장세를 유지하고 있는 것이다.
- 영역별로는 스토리지 시장이 26.5%로 가장 높은 비중을 보였고, 소프트웨어 23.5%, 서버 21.4%, 서비스 20.8%, 네트워크 7.8% 순이었다.

아울러 공공과 민간 부문에서 양질의 데이터 접근이 확대되어야 한다고 지목했다. 이를 위해 영국의 '5 Stars of Openness 원칙'과 같은 데이터 수요자(스타트업)가 활용도를 평가하는 데이터 관리체계 도입이 필요하다고 조언했다. 민간 데이터의 경우에는 스타트업이 필요한 데이터를 확보할 수 있도록 데이터 거래소 도입이 필요하며, 상품성을 높인 공공데이터와 민간 기업이 데이터를 상품화하여 거래할 수 있도록 다양한 업체가 참여하는 운영 모델 마련과 생태계 조성이 필요하다고 주문했다.

특히 비식별 정보의 활용에 대한 필요성을 인식하고 데이터 활용과 개인 정보 보호의 균형적 조화를 위한 관련 법제도의 개선이 필요하다고 강조했다.

3) 사물인터넷 분야

사물인터넷 분야 또한 4차 산업의 핵심 영역 중 하나인데, 이 분야는 우리나라에서도 이미 실용화되었으며, 어떤 영역에 있어서는 보편화되고 있는 실정이기도 하다. 사물인터넷 분야를 보면, 스마트의류 기술에서부터 유통, 통신 매체, 그리고 가사지원 서비스 영역에 이르기까지 다양한 영역에 걸쳐 활용되고 있다. 우선 스마트의류 기술 분야를 살펴보면, 기존의 의류 산업과는 그 특성이 매우 달라지고 있는데, '지능형 의류 시대(smart textile age)'가 도래하였음을 알 수 있다.

특수 소재나 컴퓨터 칩을 사용해 전기신호나 데이터를 교환하고, 외부 스마트 기기와 연결된 의류를 스마트의류라고 지칭한다. 스마트의류 기술은 인체 정보 측정 기술과 환경 정보 측정 기술 등이 필요한 입력 기술과 시청각 기술, 촉각 기술 등이 요구되는 출력 기술의 수준에 따라 품질이 좌우되는데, 우리 주변에서 현재 사용 중인 기능성 의류, 예를 들어 등산이나 골프나 낚시 등을 할 때 착용하는 아웃도어형 의류에서 쉽게 찾아볼 수 있다. 스마트의류 기술의 분야는 다양한 소재로 다양한 디자인과 다양한 융합 기술을 활용하는 특성이 있는데, 탄소섬유 활용에서부터 나노 소재 활용에 이르기까지 다양한 소재와 사계절용, 특수목적용, 실내장식용 등 다양한 형태로 스마트의류 기술이 적용되고 있다. 스마트의류 기술은 옷 자체의 스마트 특성 이외에도 건강 정보나 위치 정보 등 다양한 형태로 네트워크형 의류 특성을 가미하고 있는 실정이다. 일본의 도레이 사의 경우에는 탄소섬유를 이용한 스마트의류를 상용화했는데, 입고만 다녀도 클라우드가 착용자의 정보를 수집해 건강 정보를 분석해 주며, 국내에서는 코오롱스포츠가 이 사업을 진행하고 있다.

기업에서도 사물인터넷을 활용하는데, 소비자와의 연계나 착용자의 쾌적한 의류 환경을 창출하는 활용 사례까지 비교적 다양한 형태로 활용되고 있다. 예를 들어, 커넥티드 제품 혹은 소비 경험의 개선을 도모한 새로운 비즈니스 모델 개발, 제3자로부터 커넥티드 데이터의 이점을 활용할 수 있는 소비자 시나리오 등 다양한 형태의 예측 모델로서 활용되고, 그 특성은 사물인터넷을 소비자와 연계하는 커넥티드 제품으로 전환하고 있다는 특성을 지닌다.

이러한 추세로 볼 때 향후 사물인터넷 분야는 우리의 실생활에서 다양한 형태로 활용될 가능성이 매우 높다. 그 사례들을 살펴보면, 2018년은 물론 향후에도 사물인터넷은 실험실을 벗어나 현실 적용이 크게 늘어날 것으로 전망된다. 또한 소비자들의 수요에 맞게 새로운 커넥티드 제품 혹은 커넥티드 프로세스를 창출할 수 있는 플랫폼을 구축하고 있다. 아마존의 AWS IoT, 제너럴 일렉트릭(General Electric: GE)의 Predix, 그리고 마이크로소프트의 Azure IoT Suite 등을 포함하는 다양한 플랫폼을 기반으로 세부 시나리오를 구현할 수 있는 플랫폼을 예로 들 수 있다(네이버 블로그 '스마트 팩토리', 2018. 7. 13.).

이러한 사물인터넷의 편리함이나 기술의 지속적인 발전에도 불구하고 사물인터넷이 갖는 보안 이슈도 적지 않다. 사물인터넷에 대한 공격이나 그 공격에 따른 파급효과 등이 이러한 우려의 핵심이라고 볼 수 있다. 따라서 미래의 사물인터넷의 핵심은 저렴한 시스템온칩과 경제성, 블루투스 인터페이스 센서 등의 기술력, 소요 전력 절감을 위한 저비용의 노드를 구현하는 과제 등이 될 수 있는데, 2027년 즈음에 고성능 전력 수급의 시스템온칩이 메가헤르츠당 약 10마이크로와트를 소비하게 될 것으로 예측된다.

사물인터넷이 우리의 삶을 바꿔 놓을 것은 분명한 사실이다. 이러한 예로는 사물인터넷 자동판매기에서 고기를 사 먹는다든지, 스파게티를 사 먹는다든지, 아이스크림을 사 먹는다든지 하는 등의 IoT 자판기 판매 시대의 돌입을 들 수 있다. 이외에도 음식 배달, 음식 조리뿐만 아니라 수도 계량과 전기 검침 등 검침 서비스 실시 등에서도 사물인터넷 망을 활용할 수 있을 것으로 전망된다. 이러한 원격 검침 시스템이나 식음료 서비스, 그리고 복지 대상들에 대한 복지 서비스에 이르기까지 다양한 형태의 영역에서 사물인터넷이 활용될 가능성이 매우 높다. 그뿐만 아니라 공공시설의 관리, 도로 관리, 산림·농어촌 관리, 저수지 관리 등에 이르

기까지 다양한 형태로 유지 및 관리에 활용될 가능성이 높다. 이
러한 사물인터넷 활용의 예를 열거하면 다음과 같다.

- IoT 자판기
- 독거 · 치매 어르신을 위한 IoT
- 계량 · 검침 서비스 IoT
- 시설물 관리 IoT
- 복지 서비스 IoT
- 교육 지원 IoT
- 반려동물을 위한 IoT(반려견의 건강 체크, 활동량 체크 등)
- 안전 지원 IoT(치안 유지 IoT)

4) 신물질 분야

신물질은 새로 만들어지거나 찾아낸 물질로, 과학 기술의 발전
뿐만 아니라 미용, 식품, 의류 등 우리의 일상생활에도 다양하게
영향을 미칠 수 있다. 또한 3D 프린팅 기술과 결합하여 이제까지
없었던 다양한 재료를 통해 제조 산업에도 기여할 수 있다.

물리적 자극만으로도 에너지를 공급하고, 전력을 생산하는 신
물질−국내에서는 가장 최근에 KAIST 연구진과 연세대 물리학과
연구팀이 공동으로−을 개발한 사례가 대표적이다. 이 물질은 태
양열, 물리적 진동, 누르는 힘만으로도 전기를 생산할 수 있는 신
물질이다. 이 물질의 이름은 아직 정해지지 않았으나 앞으로 웨

어러블(wearable) 기기나 차세대 스마트 센서의 전력 공급원으로 활용될 전망이다. 이 물질은 낮에는 태양전지로 사용하고 밤에는 압전효과를 통해 에너지 생성이 가능하다. 형태는 신축성이 좋고 얇은 투명한 막의 형태이다. 최근에는 웨어러블 기기나 스마트 기기의 전력 공급의 일환으로 바람, 인간의 움직임 등 물리적 진동의 압전효과를 활용해 재사용 에너지를 얻는 '에너지 얻기' 연구가 한창 진행되고 있다. 이 물질은 차세대 에너지 공급원으로서 각광받고 있다.

(1) 의료 분야의 신물질 개발

의료 발전을 위한 신물질 또한 빼놓을 수 없다. 특히 치매 치료제 개발을 위한 연구가 활발하다. 2017년부터 일본의 제약기업인 에자이와 미국의 바이오젠이 공동개발하고 있는 알츠하이머 치료제가 임상시험을 성공적으로 마치면서 기대를 높이고 있다. 'BAN 2401'이라는 이름의 이 물질은 치매의 원인이 되는 물질로 알려진 아밀로이드 베타의 축적을 막고, 알츠하이머 증상을 억제하는 데 성공했다고 한다.

또한 골다골증 치료제로 개발된 신물질이 탈모 치료에도 효과가 있다는 점이 입증되었다. 영국의 맨체스터대학교 피부연구센터는 이 신물질이 모낭의 성장을 막는 단백질의 활동을 억제하고 모낭을 발모 단계 중에서 성장의 단계에 계속해서 머물게 한다는 연구 결과를 발표했다(한국일보, 2018. 5. 14.).

우리나라의 김치, 메주 등의 발효 식품을 이용하여 면역 증강에

도움을 주는 신물질도 개발되었다. 바이오리더스가 개발한 폴리
감마글루탐산이 그 물질인데, 청국장이나 낫토에서 볼 수 있는 끈
적한 실에서 찾아낸 신물질이다. 이 물질은 실제로 환자들에게서
높은 면역 증강 효과와 건강 개선 효과를 입증하여 최종 임상 단
계에 있다.

앞서 언급한 내용처럼 치매, 탈모, 면역력 등 아직 인류가 해결
하지 못한 병의 치료 또한 신물질의 활발한 연구 속에서 답을 찾
아낼 수 있다는 희망을 얻고 있다. 또한 새로운 물질이므로 기존
의 치료제가 가지고 있던 부작용을 최소화하여 병을 치료한다는
강점을 가지고 있다.

이렇게 수많은 실험을 거쳐 실질적으로 도움이 되는 신물질을
얻기까지는 많은 기간과 시행착오, 그리고 비용이 발생한다. 그
리하여 최근 글래스고대학교 연구진은 이러한 기간을 단축할 수
있는 로봇을 개발했다. 이 로봇은 인공지능과 결합하여 화학 반
응 결과를 예측하고 개발 기간을 단축하는 역할을 한다. 이 로봇
은 엄청난 수의 확률을 추려내어 10분의 1 정도의 실험만 거치면
높은 정확도를 볼 수 있도록 해 준다. 이것은 신물질을 찾는 데 걸
리는 속도와 수고로움을 매우 줄여 준다는 효과가 있다(로봇신문,
2018. 7. 25.).

(2) 전자 기기의 발열 문제를 해결할 신물질 개발

전자 기기의 발열 문제는 늘 골칫거리였다. 미국의 일리노이대
학교, 텍사스대학교의 연구팀은 전자 기기의 성능, 소비 전력을

좌우하는 발열 문제를 해결할 신물질을 발표했다. 이 물질은 붕소, 비소를 증기 상태에서 화학 증기 이동 기술을 이용하여 결정체로 만들어 낸 것으로, 열 분산을 위해 사용되고 있는 어떤 상용 물질보다도 열전도성이 3배 이상 뛰어나다고 한다. 이 물질은 열 분산을 위해 실리콘 소재를 사용하고 있는데, 기존의 물질에 비해 비용적인 면에서도 절감 효과가 있어 각광받고 있다(THE GEAR, 2018. 7. 9.).

우리나라의 삼성, LG 기업에서도 투자한 독일의 OLED 디스플레이 소재 기업에서 고성능의 청색 반광 물질인 '이미터'를 공개했다. 이 물질은 OLED 패널의 전력 소모를 줄이고 해상도를 높이는 데 효과적이라고 한다. 이 물질에 대한 디스플레이 제조사들의 수요는 많았으나 실제로 상용화에 성공한 기업은 없었다고 한다. 이번 개발이 성공하면서 전자 기기의 디스플레이 성능이 더욱 좋아질 것으로 예측해 볼 수 있다(글로벌 이코노믹, 2018. 5. 21.).

5) 무인운송 분야

무인운송 분야 또한 혁신적인 변화가 예견되는데, 무인자동차는 이미 보편화될 단계에 근접해 있고, 장거리 탐지 능력이라든지 주행 상황 인식, 상황대처 능력 등 다양한 기술이 혁신적으로 개발되고 있어 무인운송 분야 역시 유통 산업의 대혁명을 예고하고 있다. 무인운송 분야의 주요 영역으로는 라이더센서 기술을 들 수 있다.

라이더센서 기술은 무인자동차의 눈이 되는 기술이다. 라이더

센서 시장은 현재 도입기를 넘어 성장기에 들어섰으며 사업화 가능성이 높은 분야이다.

라이더센서 기술로 사업을 진행하기 위해서는 장거리 탐지 능력, 정밀한 거리 해상도, 주행 상황 인지 및 상황에 따른 대처 기술이 필요하다.

6) 3D 프린팅 분야

(1) 3D 프린팅 기술

3D 기술 중 가장 대표적이며 핵심적인 것이 3D 프린팅 기술이다.

미국의 미네소타대학교 연구진은 반구 형태의 표면에 광수용체 집합체를 3D 프린팅할 수 있는 기술을 개발했다고 발표했다. 이는 돔 모양의 유리에 눈을 입체적으로 구현하는 기술이다. 이 기술을 통해 맹인이나 시력이 저하된 사람들을 위한 인공 눈 제작에 가까워졌다. 이와 함께 연구 성과에 대한 논문 게재와 관련된 특허를 취득했다. 이는 마치 공상 과학에나 나오는 것으로 인식되던 인공 눈을 멀티 재료(은 입자, 반도체 물질 등 꼭 잉크가 아닌 재료의 프린팅도 가능하다)를 이용하여 3D 프린터로 구현한 것이다. 이렇게 인공 눈을 제작하는 데는 1시간 정도가 걸린다(로봇신문, 2018. 9. 3.).

(2) 바이오 프린팅 기술

동물의 장기를 사람에게 이식하여 제 기능을 하게 하는 이종장기 이식 기술은 발전 가능성이 기대되는 분야임에는 분명하나 면역거부반응 등의 부작용을 무시할 수 없다. 이런 면에서 세포 기반의 인공장기를 만드는 기술은 부작용이 없는 이식을 실현할 수 있는 분야이다. 3D 바이오 프린팅을 이용하여 수만 개의 세포로 구성된 '바이오 잉크'로 인공 간, 인공 심장 등을 만드는 기술이 실현되고 있다. 이는 미국의 생명공학회사에서도 실현되었으며, 우리나라의 울산과학기술원과 미국의 웨이크포레스트 재생의학연구소에서도 실현된 바 있다. 세포를 기반으로 한 잉크로 부작용이 없는 다양한 장기가 3D 프린팅되어 실질적으로 수술에 활용될 수 있도록 인공장기 생산을 시도하는 중이다. 이 기술은 이종장기이식을 기다리다가 목숨을 잃거나 돼지의 장기 등을 이식받아 면역거부반응을 일으켜 사망한 수많은 환자를 위해 더욱 확산되어야 할 것으로 기대되는 기술이다.

(3) 의류 산업

의류 산업 또한 3D 기술의 영향을 많이 받고 있는 것 중 하나이다. 디지털로 설계된 시안을 바탕으로 하여 옷을 프린팅하는 기술은 미국과 독일이 각각 1, 2위를 차지하여 활발히 사용되고 있다. 그러나 우리나라는 아직 많은 부분을 수입에 의존하고 있다. 3차원을 활용한 피팅 서비스, 유통, 제조 기술은 의류 산업에 큰 변화를 불러오고 있다. 또한 쇼핑의 편리성과 새로운 재료 물질 발전 등으로도 이어질 가능성이 있다. 최근 한 스타트업 관련 연구소에서 개발한 '슈픽'이라는 모바일 애플리케이션은 이용자의 발 사진을 촬영하면 3D 분석을 통해 자체적으로 발 모양과 특징 등을 파악하여 사람마다 각자 다른 발의 특징에 맞게 어느 브랜드의 신발을 어떤 사이즈로 신으면 좋을지 추천해 준다.

(4) 3D 카메라, 물체 인식 – 공항 검색대

공항 검색대에 올라오는 물체도 기존의 2D가 아니라 3D로 입체적인 인식을 하는 것이 가능해졌다. 360°로 의심 물질을 돌려볼 수도 있다. LAX(LA 국제공항) 공항의 1번 터미널에도 2018년 8월 말경부터 3D 검색 시스템이 도입되었다. 우선적으로 도입한 후 업무를 빠르고 쉽게 처리하는 것을 알게 된다면 계속해서 늘릴 방침이라고 한다. 또한 승객의 사진을 보고 기존의 신원 확인 시스템과 신원 정보를 대조하는 시스템도 도입할 것이라고 한다(중앙일보, 2018. 9. 1.).

(5) 얼굴 인식 결제 시스템

중국의 텐센트와 알리바바 산하 업체인 알리페이에서 기존의 QR코드를 인식하여 결제하던 방식을 대체할 3D 기술로 사용자의 얼굴을 인식하여 결제하는 시스템을 개발했다. 이것은 애플이나 갤럭시의 페이스 ID처럼 얼굴을 입체적으로 인식하여 사용자의 정보를 알아내는 결제 시스템이다. 이들 회사에서는 자체적으로 개발한 얼굴 인식 시스템을 사용하는데, 3D 데이터를 획득하는 속도가 0.03초에 불과하다고 한다. 보안 문제 또한 사용자의 얼굴 정보를 그 어떤 서버에도 올리지 않는다면 안심해도 된다고 밝혔다. 모든 안드로이드 기종에서 이 결제 시스템 이용이 가능해졌으며, 중국 전역에 확대될 방침이라고 한다(ZDNet Korea, 2018. 8. 29.).

3D 얼굴 인식 기능은 특히 스마트폰에서 많이 상용화되어 캐릭터를 나의 얼굴과 표정에 입혀 입체적으로 즐겁게 감상할 수 있는 기술, 보안 ID로 얼굴이 사용되는 기술, 결제 수단이나 신원 확인을 할 수 있는 기술 등으로 다양하게 이용되고 있다. 우리나라의 이동 통신 3사에서도 IPTV 서비스에 이 얼굴 인식 기능을 가상현실과 결합·도입하여 흥미로운 TV 시청뿐만 아니라 3D 기술을 이용한 다양한 시도를 할 수 있게 되었다.

(6) 3D 맵핑

3D 맵핑 또한 아주 활발한 산업 중 하나이다. 특히 이 기술은 위치를 기반으로 한 기술이므로 최근 떠오르는 산업인 자율주행 자동차와 드론 등 이동수단의 발전과도 발을 맞추고 있다. 국내의 드론 플랫폼 개발 업체에 따르면, 산업용 드론을 이용한 3차원의 실제 이미지 데이터 수집이 가능해지고 있다고 한다. 좀 더 편리하고 실제에 가까운, 오차 범위가 적은 위치 정보 수집이 가능해진 것이다. 위치를 기반으로 한 맵핑은 이제 어느 정도 자리를 잡은 상태이지만 자율주행 자동차의 실질적 운행을 위해서는 오차 범위가 적고 정교한 교통 정보를 전달하는 데이터 수집이 중요시되고 있다. 미국의 자율주행 3차원 맵핑 기술전문기업인 '카메라'는 최근 제주도에 이어 서울대학교 내의 3D 맵핑 작업을 완료

하고 시범 운행을 준비하고 있어 아시아 시장에도 영향을 확대할 전망이다. 정밀한 기술을 인정받은 이 기업은 최근 구글 벤처스로부터 200억 원의 투자 유치에 성공했다(서울경제, 2018. 9. 3.).

미국, 유럽, 아시아권 등에서는 3D 맵핑을 기반으로 한 정밀한 위치를 토대로 자율주행 자동차의 시범 운행이 활발히 행해지고 있다.

아직 3D 프린터로 무엇이든지 만들 수 있고 인쇄가 가능한 것은 아니지만 인쇄 재료와 인쇄가 되는 물질을 잘 개발하여 적재적소에 사용한다면 항공, 우주, 의료, 의류, 건설, 자동차 등 많은 곳에서 시간과 비용을 절감하는 효과를 가져다줄 수 있다. 또한 3D 프린터를 상용화하기 위한 작업이 활발히 이루어지고 있다.

3D 영역에서 가장 중요한 부분은 3D 수리모델링 소프트웨어 기술인데, 이 기술을 비롯해서 새로운 기술들이 부가적으로 개발되고 있다.

(7) 3D 수리모델링 소프트웨어 기술

3D 수리모델링 소프트웨어 기술은 3차원 모델을 효율적으로 표현하기 위한 물리적 환경이나 실제 세계의 물체를 묘사하기 위해 사용하는 소프트웨어이다.

기술 개발을 위해서는 공간 정보를 활용한 이미지와 데이터 처리 기술, 그리고 모델링 프로그램 간의 데이터 변환 기술, 3D 모델링을 위한 데이터 및 자재 인식 기술이 필요하다.

이미 각종 영화에서 모션캡처를 통해 CG로 변환하는 기술로 이용되고 있으며, 사진을 통해 '3D화'하여 자율주행 자동차 내비게이션에도 적용하고 있다.

(8) 헬스케어 3D 프린팅 기술

헬스케어 3D 프린팅 기술은 인공조직 및 신체기관 제작, 맞춤형 보철물 제작, 신체 삽입형 구조물(임플란트) 및 해부학적 모델 제작, 맞춤형 제약 및 투여 등에서 두각을 나타내고 있다. 이에 따라 전 세계 헬스케어 3D 프린팅 시장 규모는 2015년 9억269만 달러에서 2022년에는 38억9779만 달러로 확대될 전망이다. 3D 프린터는 맞춤형 의료 제품 및 장비를 자유롭게 생산할 수 있다는 점, 전통적인 제조 방식에 비해 납기가 단축되고 불필요한 자원낭비 방지가 가능하다는 점 등이 큰 장점으로 평가되고 있다.

(9) 금속 3D 프린팅 산업

3D 프린팅 소재 시장 중 금속 분말은 3D 프린팅 장비 판매의 급격한 증가와 우주 · 항공, 산업용품, 의료용 시장의 직접적인 성장과 함께 최근 80% 이상 고속 성장 중에 있다. 분말은 레이저나 전자빔 등의 고에너지 열원을 이용한 PBF 및 DED 공정에 이용되어 금형, 우주 · 항공, 방위 산업 및 의료 관련 분야 등 고부가 가치 산업을 중심으로 한 다양한 응용 분야에 적용이 가능하므로 금속 분말의 성장 가능성은 매우 높다고 할 수 있다. 그러므로 분말을 활용한 3D 프린팅은 대량 생산보다는 다품종 소량 생산용으로

적합하며, 기존과 차별화된 분말의 개발이 블루오션 시장을 열수 있을 것으로 기대된다.

한편, 국내 3D 프린팅 산업 시장 동향을 보면 중소기업 위주로 3D 프린팅 산업이 형성되고 있으며, 대학이나 초·중·고등학교에서 실습용으로 주로 쓰이고 있다. 일부 산업용 3D 프린터를 제작하는 곳도 있지만 스트라타시스나 3D 시스템즈 같은 외국 기업에 비하면 미미한 수준이라고 볼 수 있다. 3D 프린터를 제작하는 주요 기업으로는 신도리코와 메이커스테크놀로지, 포머스팜, 센트롤 등이 있다. 특히 3D 프린팅 산업의 성장세는 가파른 편인데, 이는 다양한 산업군이 있고 개인 사용자에게 널리 보급될 것으로 예상되기 때문이다. 현재도 산업 곳곳에서 시제품 제작이나 실제 제품 생산에 활용하고 있지만, 개인 사용자가 레고 같은 완구를 만드는 용도로 사용하거나 점차 로봇 같은 복잡한 제품에도 쓰이기 시작했다. 한 예로 3D 프린팅을 활용한 장애인 보행용 웨어러블 로봇이나 아이언맨 슈트 같은 정교한 영화 소품에 쓰이는 것을 들 수 있다.

7) 바이오 프린팅 분야

바이오 프린팅 분야는 의생명과학 분야에서 없어서는 안 될 필수적인 프린팅 기술 분야라고 볼 수 있다. 바이오 잉크 기술과 인공장기조직 기술 등은 바이오 프린팅 분야의 핵심 기술이라고 볼 수 있다. 무엇보다 인공장기조직과 관련된 바이오 잉크 기술은 장기 프린팅에 필수적인 바이오 소재라고 볼 수 있다. 바이오 잉크 기술과 인공장기조직에 관한 내용을 요약하면 다음과 같다.

- 바이오 잉크는 바이오 칩 또는 인공조직이나 장기 프린팅에 필요한 바이오 소재이다.
- 바이오 잉크는 콜라겐이나 펩타이드 등 세포가 포함된 세포계 물질과 치아나 뼈를 구성하는 인산칼슘 또는 연골 재생에 쓰이는 다당류 등의 비세포계 물질로 나뉜다.
- 바이오 잉크를 통한 3D 바이오 프린팅으로 인공장기와 조직을 제작하는 기술도 발전할 가능성이 있으며, 이것은 세포계 바이오 잉크 물질을 얼마나 활용할 수 있는지, 면역 조절은 가능한지, 이종장기의 생산은 가능한지에 대한 기술이다.

8) 첨단 로봇공학 분야

로봇은 단독으로 개발이 될 뿐만 아니라 AI, 빅데이터와 결합되어 이 기능이 모두 탑재된 인공지능 로봇, 빅데이터 로봇으로 개발되고 있다.

(1) 실버케어, 고령화 사회 대비
일본은 로봇의 품질, 가격 등의 면에서 전 세계 국가 중 가장 경쟁력 있는 나라로 손꼽힌다. 또한 중국의 독주를 막기 위해 로봇 제조사를 인수하는 등 로봇 산업에 매우 적극적인 나라이다. 특히 일본은 '인공신체'의 역할을 하는 실버케어 로봇 산업에서도 일등 주자이다. 일본은 고령화 문제가 대두되는 초고령 사회로 일찍이 진입한 만큼 높은 연령대를 케어하는 로봇 개발에 정부가 주도적으로 나서서 공을 들여왔다. 이러한 노력을 통해 노인의 보행을 지원하는 웨어러블 로봇과 간병인을 지원하는 이동성 증진 로봇 등의 개발이 활발하게 이루어졌다. 고령자를 대상으로 한 대화 서비스, 인지보조 서비스, 낙상/병환 서비스를 제공하는 돌보미 로봇은 특히 시장이 커질 것으로 전망된다. 고령자 돌보미 로봇은 시청각을 통한 정보 인식뿐만 아니라 사용자의 제스처를 통해 감정을 인식하는 기술, 사용자의 상황을 분석하고 추론해 판단하고 제어하며 학습하는 인공지능, 스스로 배터리를 자동충전하는 기술로 발전하고 있다. 또한 로봇의 구입비가 만만치 않은 것을 감안하여 보조금을 지원하고 의료 보험을 통한 구입 지원에도 나서고 있다. 일본의 의료용 로봇 업체 사이버다인은 노약자용 로봇 슈트 렌탈 사업을 진행하고 있다. 이러한 '외골격 로봇' 시장은 연 단위로 매우 빠르게 성장할 것으로 전망된다.

(2) 젊은 일꾼의 대체 역할

생산성이 높은 젊은 인력의 감소와 힘든 일을 꺼리는 추세에 따라 이를 대체할 로봇이 개발 중에 있다. 미국의 자동차 회사 포드는 노동 부하를 줄이기 위해 외골격 로봇 전문 업체와 함께 로봇을 개발하여 현재 공장에서 테스트 중이며, 이는 자동차 하단에서

장시간 팔을 올려 부품을 조립하는 근로자들의 어깨, 팔 등의 통증을 줄이는 것에 도움이 되고 있다.

(3) 의료 분야의 수술 로봇

세계적으로 가장 수요가 많은 의료용 수술 로봇은 미국의 인튜이티브서지컬 사가 제작·판매하는 '다빈치'로, 로봇 시장의 80%를 차지한다. 이 로봇은 메스로 몸에 큰 상처를 낼 필요 없이 3~4개 정도의 구멍을 뚫고 수술 도구를 집어넣어 환부를 치료하는데, 이 때문에 기존의 수술보다 회복이 빠르고 입원 기간도 줄어드는 효과가 있다. 로봇은 사람이 가진 단점인 손 떨림, 좁은 시야, 오차 확보 등에 강하여 수술하기에 매우 편하다는 장점이 있다. 또한 로봇의 수술 후 봉합과 흉터의 감소에 효과적이어서 특히 여성들이 선호한다고 한다. 이러한 '단일공' 수술이 쉬운 것은 아니지만 최근에는 이 다빈치 로봇을 업그레이드한 신형 다빈치 로봇이 나와 수술이 더욱 수월해졌다고 한다. 이 로봇은 서울의 대형병원에는 대부분 보급되어 있다. 단일공 수술법을 넘어 '무흉터' 수술까지 가능해져 겉으로 보기에는 수술 자국이 거의 생기지 않는다고 한다.

우리나라의 KAIST 미래의료로봇연구단에서도 기존의 수술 로봇과 달리 뱀처럼 유연하게 몸속을 다니며 수술이 가능한 내시경 수술 로봇을 개발하여 모든 수술법에서 유용하게 활용하고 있다고 한다. 이 로봇은 장기를 모두 피해 다니는 유연함과 센 힘이 강점이며, 최근에는 돼지의 담낭을 대상으로 단일공 수술에 성공하였다고 한다.

(4) 실생활 로봇

중국 상하이의 한 빌딩은 규정상 음식 배달원이 출입할 수 없었다. 그래서 직원이 1층 로비에서 음식을 받아가야 했다. 그러나 배달 로봇이 도입되면서 로봇이 직원들의 사무실 앞까지 일일이 음식을 배송해 주고 있다. 중국에서는 이것을 '마지막 50m' 배송이라고 부른다. 이 배달 로봇 서비스는 상하이에서 활발히 시행되고 있다. 이 로봇은 상하이의 로봇 기업 '요고로봇'이 개발한 것으로, 인공지능인 사물인터넷과 사무실 출입 시스템이 결합되어 층간 이동과 출입에 용이하다. 또한 배달 시간을 최소한으로 줄이는 데에도 효과적이다.

또한 중국의 유치원에는 로봇 선생님이 속속들이 도입되고 있다. 60cm 키의 '키코로봇'이 유치원 아이들과 문제 풀기를 통한 논리력 강의에 투입되어 수업에 도움이 되는 모습을 볼 수 있다. 베이징시와 그 일대의 교육기관에서는 문제 해결 능력을 기르기 위한 원아 대상의 교육에 키코와 같은 로봇을 사용하는 사례가 많아졌다. 아이들은 로봇을 통해 심리적 즐거움을 갖고, 눈과 귀도 즐거워져 집중력을 가지고 수업에 임하게 된다.

중국은 세계 최대 산업용 로봇 보유 국가로, 이미 로봇과 인공지능에 많은 자금을 투자하고 있다. 의료·법률 컨설팅, 노인 케어, 청소 등의 분야에 로봇이 다양하게 진출해 있으며, 2017년 중국의 한 기업에서는 사람을 닮아 간단한 대화와 표정 변화가 가능한 로봇을 개발하기도 했다. 교육 로봇 또한 이에 발맞추어 빠르게 확산 중이다. 중국은 '로봇이 사람을 대체하는 것이 먼 미래의 일이 아님'을 강하게 내다보고 있다(로봇신문, 2018. 8. 31.).

9) 유전학 분야

유전학 분야는 4차 산업 사회에서 가장 눈부신 발전을 하고 있는 영역이고, 인간의 생명 연장과 질병 치료, 그리고 건강 진단과 예측 등에 있어 획기적인 분야로 인식되고 있다. 유전학 분야의 급격한 발전은 인류의 평균 수명을 크게 연장시킬 것이며, 현재 유전적 이유로 인해 불치병에 속한 많은 질병, 예컨대 정신적 질환, 유전적 소인에 의한 질환 등이 치유되고 발병하지 않도록 예방하는 데 크게 기여하리라고 본다. 이러한 유전학 분야의 변화들을 예로 들면 다음과 같다.

(1) 휴먼 마이크로바이옴 분석 기술

휴먼 마이크로바이옴 분석 기술은 인간의 몸속에 사는 미생물이 가지고 있는 유전 정보를 분석하는 기술로, 인간이 건강한 삶을 살아가는 데 중요한 정보이다. 이것은 항암 면역을 위한 미생물 발견은 물론 각종 염증성 질환과 대사질환 등에 유용하게 활용할 수 있는 기술로, 미생물군의 상관관계와 관련된 다양한 정보가 축적되어 있다.

(2) 개인 유전자 분석 서비스 기술

개인 유전자 분석 서비스는 인체 염색체의 광범위한 유전체 부위를 스캔 · 분석해 유전자 이상 유무를 검사하는 서비스로, 이를 통해 질병에 대한 사전 예방 및 조기 대처를 함으로써 조기 발견과 대응이 가능하다. 이는 유전적 차이를 고려한 의약품 처방으로 부작용을 최소화하고 약물 효과를 최대화하는 것이다.

(3) DNA 환치 기술

이것은 게놈 지도를 완성한 인류가 인간 간의 DNA를 환치하여 질병을 예방하고 가장 우성인 유전인자를 강화하는 기술이라고 볼 수 있다. 이 기술은 이미 실용 단계이고, 비록 윤리적 문제가 따르기는 하지만 인류의 질병 퇴치와 유전인자에 따른 질병 소인을 해소하는 데 크게 기여하리라고 본다.

10) 핀테크 분야

핀테크 분야는 4차 산업의 중요한 한 분야로서 세계 각국이 기술 개발에 경쟁적으로 뛰어들고 있는 영역이다. 세계 핀테크 2위 기업인 중안보험과 6위 기업인 루팍스의 경우에는 플랫폼 경제의 기반이 튼튼해야 하고 이와 관련된 충분한 시장 파워를 가져야 한다고 지적하고 있다. 이와 함께 잘 훈련된 전문 인력의 확보가 관건이라고 지적하고 있다. 핀테크 분야의 선두주자가 되기 위해서는 이러한 두 가지의 관건 이외에도 정부의 제도적 뒷받침과 함께 개방적이고 혁신적인 정책이 수반되어야 한다. 현재 국내의 핀테크 이용률은 평균 32% 수준으로, 핀테크 기술을 가장 많이 활용하는 중국의 69%에 크게 못 미치는 수준이다(연합뉴스, 2018. 5. 6.).

　4차 산업 사회는 금융계의 대혁신이 요구되는 사회이고, 한마디로 '은행 없는 사회(bankless society)'가 도래할 수 있다. 은행 없는 사회는 현금이나 수표가 오가는 사회가 아니라 보이지 않는 금융의 사회가 될 가능성이 높다. 이러한 사회에서 핀테크의 활성화는 불가피할 것이고, 이에 따른 안전성 문제나 핀테크 활용과 관련된 윤리적 문제는 큰 사회적 이슈가 될 가능성이 높다. 중국의 경우에는 허용하는 네거티브 규제 방식을 도입해 정부가 적극적으로 시장의 혁신을 유도하고 있고, 이러한 규제 샌드박스와 네거티브 규제 방식이 드론, 블록체인, IoT, AI 등 4차 산업혁명의 주요 영역에 적용되고 있다. 이러한 추세를 감안해 볼 때 '차이나 이노베이션'은 더욱 가속화될 것으로 예견된다. 특히 핀테크의 원자료라고 볼 수 있는 빅데이터의 기반이 어느 정도이냐에 따라, 그리고 이러한 빅데이터를 활용하는 스마트 네트워크의 기반이 어느 정도이냐에 따라서 다양한 발전 가능성이 있는 영역이라고 볼 수 있다(아주경제, 2018. 5. 31.; 이현청, 2018a).

4차 산업혁명 시대의 미래교육

4차 산업혁명 시대의 미래교육

📖 미래교육의 변화

4차 산업혁명 이후 국내외에서 미래교육의 변화를 예측한 보고
서가 나오고 있는데(Cagle, 2010; EU JRC, 2010; Kurt, 2014), 4차 산
업혁명 관련 예측 보고서들에서 전망하고 있는 미래교육의 주요
이슈를 몇 가지로 요약, 정리하면 다음과 같다.

첫째, 표준화된 학위와 시험은 여전히 중요한 교육의 한 과정으
로 인식되고 있지만 학위나 스펙, 시험 등이 유일한 학습 해법은
아니라고 볼 수 있다. 한마디로 학위 없는 사회, 스펙 없는 사회,
시험 없는 사회 등의 특성이 확산될 가능성이 높다. 자퇴 혹은 대
안적인 학습 경험에 대한 선택이 증가함에 따라 보다 다양한 방식
으로 학습하고 그 성과를 인정받을 수 있는 기회가 제공될 것으로
예측된다.

둘째, 학교 졸업장이 필수적인 자격요건으로 요구되지 않을 것
으로 보인다. 대신 자격증 프로그램, 직무교육 프로그램 등 학습

자가 필요로 하는 역량 개발에 초점을 맞춘 학습적 접근이 다양한 방식으로 제공될 것으로 보이고, 이러한 지속적인 교육은 평생학습과 성인계속교육의 형태로 진행될 것이며, 변화가 극심한 4차 산업혁명 시대에 걸맞게 일생 동안 적어도 5~6번의 교육이 필요할 것이고, 개인적 차원에서는 지속적인 자기개발교육과 적응교육이 요구되리라고 본다.

셋째, 온라인 학교, 비전통적 학교가 제공하는 새로운 프로그램이 더욱 활성화될 것으로 보이고, 이는 평생학습과도 무관치 않으며, 학교에서의 학습과 일터로의 연계는 학습과 교육이 직업 현장에서 동시에 일어나는 직업 학습(Learning to Work: LTW)형 학습 프로그램으로 확산될 가능성이 높다. 이러한 교육 현장의 재구조화는 적시성교육과 적응위주교육, 신직업교육(new job learning)의 형태로 재구조화해야 함을 의미한다. 이러한 변화는 교육의 역할이 학습 중심의 교육으로 변하는 것을 의미하고, 지역사회 구성원으로서의 기능을 보다 충실히 수행하는 역할로 확대되는 것을 의미하며, 지역사회 내의 모든 교육 시설이 다목적 공간으로 활용되어 지역사회 기반형 교육 허브(community based learning hub)로 전환됨으로써 학습 공간의 공유가 활발해질 것으로 예견된다.

넷째, 교과 중심 표준형 교육에서 개인의 학습 욕구와 진로를 감안한 맞춤형 학습이 보다 보편화될 것이다. 이러한 변화는 경직된 교육 시스템을 보다 유연한 시스템으로 변화시키는 데 기여하리라고 본다. 이와 관련하여 교사는 멘토의 역할을, 학습자는 주도적인 학습 주체로서의 역할을 수행할 것이다.

다섯째, 학생들이 하나의 학교에만 등록하는 것이 아니라 다양한 교육기관에서 제공하는 교과과정과 자원을 최대한 활용하여 자기주도형 맞춤 교육을 택하게 될 것이고, 개인의 학습 욕구와 학습 능력에 따라 지역사회 내의 혹은 국내외의 학습 공동체를 선택하게 될 것이다. 이러한 학생들의 변화는 소위 '자기재단형 학습자 (self-tailored learner; 이현청, 2018a)'의 특성으로 대전환할 것이다.

📃 교수자의 역할과 교육 패러다임의 변화

4차 산업 사회에서 교수학습의 틀은 가르치는 틀에서 스스로 학습하는 틀로 바뀌는 것이 두드러진 특징이다. 특히 학습방법의 변화와 인공지능의 도입, 그리고 빅데이터의 활용 등은 교수자의 역할과 교육 패러다임의 변화를 촉진하고 있다. 캠퍼스 중심의 교육의 틀이 탈캠퍼스 중심의 학습의 틀로 바뀌고, 교육방법론에 있어서도 학습자 스스로 언제, 어디서나 무슨 내용이든 배울 수 있는 환경으로 바뀌기 때문이다. 세계미래학회(World Future Society)에서는 2030년에 사라질 10가지 중의 하나로 공교육을 말하고 있으며, 교육기회와 교육방법의 측면에서 모든 학습자에게 학습 욕구에 따라 공정하게 학습할 수 있는 기회가 주어지는 공정형 교육 모델이 도입되어 교사 없는 맞춤형 학습 시대가 열릴 것이라고 예측하고 있다. 이현청(1989)은 이러한 변화를 지칭하여 '3무(無) 학교' 개념을 소개하고 있는데, '캠퍼스 없는 학교

(campusless school)' '책 없는 도서관(bookless library)' '교수 없는 강의실(professorless class)'로 표현하고 있다. 하버드대학교 교수인 미래학자 토마스 프레이(Thomas Frey)는 전 세계 대학의 절반은 20년 내에 문을 닫을 것이라고 비관적으로 전망하고 있는데, 이러한 전망도 교수자의 역할과 교육 패러다임의 변화를 감안한 것이라 생각된다. 이러한 교육 패러다임의 변화는 취업 지도(job map)도 변화시켜 교육 내용과 연관된 많은 직업이 사라지거나 새로운 직업이 생길 수 있는 가능성도 예측된다. 특히 미래학자들이 사라질 거라고 예측한 직업에는 의사, 변호사, 기자와 함께 교수, 교사도 포함되어 있다. 4차 산업 사회의 미래교육에서는 지금처럼 교육과정의 지식을 전달하는 교사나 교수의 역할에 큰 변화가 예견되기 때문이다. 더구나 암기식 교육을 위주로 하는 우리나라의 교육은 더 충격적인 변화가 예견된다.

미래 교수자의 역할은 지식 전수가 아니라 왜 학습이 필요한지를 깨닫게 해 주고, 스스로 학습하는 방법을 코칭해 주는 것이다. 이를테면 가르치는 사람(teacher)에서 지도하고 조언하는 사람(mentor), 촉매자(facilitator)로 변화할 것으로 보인다. 그러므로 교수의 역할과 학교의 기능이 온전히 변화되는 교육 패러다임의 변화가 미래 사회의 주된 특징 중 하나라고 볼 수 있다. 미래 학습의 동향을 정리해 보면 다음과 같다.

📟 미래 학습의 동향

앞에서 언급한 교수자의 역할과 교육 패러다임의 변화를 통해 미래 학습의 동향을 예측할 수 있는데, 이러한 동향 중에서 가장 큰 변화는 주지주의적 교과서 중심의 교수 역할 변화라고 볼 수 있다. 이러한 점에서 미래 학습의 동향은 완전한 틀의 변화가 있기까지 과도기적 연계 고리가 필요할 것이고, 이러한 연계 고리의 일환으로서 현재 학습 현장에서 혁신적 프로그램이나 방법으로 인식되고 있는 몇 가지 내용이 이에 속한다고 볼 수 있다. 과도기적 연계 고리형 혁신 학습방법이나 교육 패러다임의 전환을 모색하는 예를 들어 보면 다음의 몇 가지로 정리할 수 있다.

- 교과 내용 중심의 지식습득교육에서 일부 선진국처럼 코딩교육과 STEAM 교육으로 확산되고 있다.
- 기존의 결과만을 중요시하는 학습 측정에 대한 시각이 장기적이고 미래지향적인 학습 결과와 성취 중심의 측정으로 변화할 것이며, 학습 환경과 교실 또한 AI형 학습 환경과 경험 중심 연계학습체계로 재설계될 가능성이 높아지고 있다.
- 암기 위주의 교과서 중심 입시 대비 교육의 틀에서 문제 해결 능력과 창의성을 계발하여 새로운 시대에 맞는 창의적인 발상을 해낼 수 있는 학습 문화와 교육 패러다임으로의 혁신적인 변화가 시도될 것으로 보인다. 이를 위해 비판적 사고와 통합적인 문제 해결 능력, 그리고 팀이 되어 창조적인 일

을 해내고 문제를 해결해 내는 협력을 기르는 심층 학습이 확
대될 것으로 보인다. 이러한 변화를 감안할 때 교육과정, 교
육 목표, 교육의 과정(process of education), 교육 측정 및 평
가, 교사와 학습자의 역할, 학교 제도와 학교의 기능 등에 대
한 종합적인 재검토가 필요하고, 4차 산업 사회에 걸맞은 교
육 패러다임으로의 전환이 절실한 실정이다. 이를 위해 교육
전체의 틀을 시대에 맞게 재정비하는 과제가 가장 최우선의
교육 정책이 되어야 한다고 본다.

🖥 교육과정과 교육의 과정

미래 사회에서는 어떤 내용을 어떤 과정을 거쳐서 어떻게 가르
치느냐가 매우 중요한 교육의 과제가 될 것이다. 우리나라의 현
실처럼 암기 위주의 사지선다형 사고를 기르는 교육으로는 4차
산업 사회에 부응하는 인재를 양성할 수가 없다. 특히 교육에서
학습으로, 캠퍼스 중심에서 탈캠퍼스형으로, 교사 중심에서 AI형
학습 중심으로, 정해진 교과과정과 장소 및 내용 중심에서 학습자
선택형 중심으로 전환되는 것이 그 특징이라고 볼 수 있다. 그러
므로 교육과정과 교육의 과정(process of education)이 지금의 틀과
는 온전히 다른 모습이 될 가능성이 높다. 이러한 변화의 두드러
진 특징 중 하나는 학습자가 스스로 자기의 학습 욕구와 학습 능
력에 맞게 교육 내용을 선택하고 스스로 학습하여 결과물을 도출

해 낸다는 것이다. 한마디로 학습자의 학습 수준과 속도를 고려한 맞춤형 교육과정이 활성화될 것이고, 지금처럼 획일화된 교육정책에 의해 모든 학교가 같은 모습의 교육을 하기보다는 비교적 상대적으로 자율성을 갖춘 단일 학교에서 학교 단위의 자율적 운영과 역할이 확대됨으로써 획일화된 학교의 역할과 기능을 벗어난 특화된 학습 경험을 습득하게 만드는 교육의 틀로의 대전환이 이루어질 것으로 보인다. 또한 다양한 학습 자원을 활용하여 개인의 수요에 맞춘 교육과정 운영이 이루어질 것으로 예측된다.

학습 평가와 학습 패러다임의 변화

학습이 학습자의 학습 욕구와 수준에 맞게 맞춤형 학습의 틀이 될 때 쟁점이 되는 것은 학습 평가와 이 평가에 대한 사회적 합의와 인증이라고 볼 수 있다. 현재의 학습체제에서는 정규학교 졸업이 곧 학습 평가이자 인증의 성격을 띠지만 향후 다양한 학습자에 의한 다양한 학습의 결과에서는 체계적인 학습 평가와 인증이 없이는 신뢰성과 사회적 공인을 얻기가 힘들어질 것이다. 이러한 점에서 학습 평가와 인증에 관한 변화는 4차 산업 사회 학습 변화의 틀 중에서 가장 중요한 쟁점이자 변화가 될 가능성이 높다. 현재는 각 나라에서 시행되는 평가체제와 졸업 후 상급학교에 진학하는 학습 평가, 그리고 이 학습을 제공하는 학교에 대한 인증 등으로 대별될 수 있고, 세계적인 틀 속에서는 각 전문 영역별 혹은

기관별 평가체제가 학습 평가와 인증에 관한 체계적이고 공인된
제도로 운영되고 있다. 그러나 학습의 틀과 패러다임이 온전히
바뀐 이후에는 이러한 체제가 지속적으로 운영되기는 어려울 것이
다. 따라서 개별 학습장의 개별 학습 패러다임 중심의 학습 평
가체제와 세계의 각 직업군에 걸맞은 전문 인증체제가 필요하다.
예를 들어, 세계적인 온라인 학습 틀인 '무크(MOOC)'의 경우도 이
러한 학습 평가와 인증에 관련된 쟁점을 안고 있기 때문이다.

　미래에는 학습자의 학습 성취 수준을 객관적으로 측정할 수 있는
실행 중심의 수행 평가가 중요시될 것이고, 학습자의 학습 누적 프
로파일을 활용한 빅데이터형 학습 평가가 주된 평가의 틀이 되리
라고 본다. 이를 위해 풍부한 분석 자료를 활용하여 학습 전략을 추
천하고 지역사회 전체가 학습의 장이 되는 학습 네트워크형 틀로
전환되어 다양한 학습 커뮤니티와 연계된 학습을 통해 그 결과를
통합적으로 진로와 연계하는 인증 방식이 활용될 가능성이 있다.

　교수학습 측면에서도 커다란 변화가 예견되는데, 기존의 강의
실 중심, 강의 중심, 교수 중심의 체제가 완전히 바뀌어 학습자 중
심, 융합 학습(blended learning), 온라인과 오프라인이 연계되는
학습방법 등이 확산될 가능성이 높다. 개인별 학습 능력과 학습
속도, 학습 동기 등에 따라 개별적으로 차별화되고 개인화되어 개
인 중심의 학습이 확산될 것이고, 개인의 차원에서도 시간과 장
소, 내용, 속도의 제한을 벗어나 개별화된 학습 경험이 가능해질
것이다. 앞서 언급한 융합 학습에서는 온오프라인 융합, 주제 간
융합, 협력 학습, 그리고 언어의 융합 등이 이루어질 것이고, 이를

위한 교사의 역할 변화가 두드러질 것이며, 학습 환경 또한 이러한 학습의 틀에 적합하도록 재구조화될 것으로 예측된다. 이것은 한마디로 학습 패러다임의 대전환이라고 볼 수 있다.

교육의 틀에 있어서도 현재의 학계나 학제의 변화가 이루어져 학습 패러다임의 전환에 부응하는 체제로 바뀔 것으로 보인다. 즉, 이것은 체제(system)와 체계(structure)의 총체적인 변화를 의미한다. 학교 간의 위계 또한 희석될 것이고, 개인 학습자의 능력에 따라 학습 기간을 연장할 수도, 단축할 수도 있는 유연성 있는 제도로 전환될 것으로 보인다. 이러한 예들은 학년과 나이의 개념이 바뀐다는 의미이고, 학습자의 교과 선택권이 확대되어 학년도 없으며, 이수학점 단위에 의해서 자격이 부여되는 시스템으로 바뀔 가능성이 높다는 의미이다.

이러한 체제와 체계의 변화는 AI의 등장과 '교과서 없는 학습(textless learning)'으로 대별될 것으로 예측된다. 이것은 일종의 사이버 공간과 가상현실 속에서 자기주도적 학습이 이루어진다는 것을 의미한다.

이러한 변화와 함께 학습은 학교라고 하는 제한적 공간에서 이루어지는 것이 아니라, 가상현실과 사이버 공간에서의 학습 자료를 통해 학습자의 학습 욕구 여하에 따라 다양한 교육기회를 갖게 될 것이고, 지역사회와 전 세계적 교육자원이 개별 학습자의 학습 자료와 내용으로 활용될 수 있다. 근래에 제기되고 있는 대안학교, 홈스쿨링, 대체학교, 학점은행제, 학습보완체계 등이 이러한 예에 속한다.

🖥 4차 산업 사회에서의 신교육

4차 산업 사회의 교육 관련 변화들을 집약해 보면, 한마디로 탈
캠퍼스형, 탈교과형, 탈교육형 자기주도적 학습 패러다임이라고
정리할 수 있다. 이러한 4차 산업 사회에서의 학습방법 혁명과 교
육관, 교육 환경, 교육 문화 등의 변화는 다음과 같이 몇 가지 관
점에서 정리할 수 있다.

① 교육방법의 대혁명은 개별 학습자의 학습혁명으로 이어지
고, 지금까지의 학습방법과는 전혀 다른 형태의 학습 패러다
임이 확산될 것으로 예견된다. 이러한 패러다임의 특징은 학
습자 개인의 교육적 수요에 의해 교육 내용, 교육 방식, 교육
평가, 교육 환경 등이 바뀌는 새로운 신교육체제가 등장할
것이라는 것을 의미한다. 신교육체제의 새로운 교육방법의
예들을 제시해 보면 다음과 같다.

- 벽 없는 교육
- 수요 중심(marketed, marketable)
- 프로젝트 중심 학습(Project Based Learning: PBL), 상황 중심
  학습(Situation Based Learning: SBL)
- 경험 중심 학습(Experience Based Learning: EBL)
- 스튜디오 맞춤형 학습(Studio Tailored Learning: STL)
- 융합 거꾸로 학습(Blended Flipped Learning: BFL)

• 융합인문과학, 융복합사회과학, 융복합자연과학, 융복합
  신과학(bio-chemical-cultural technology)

② 학교의 기능과 역할은 지식 전수와 지식 전달 기능이라고 볼
  수 있는 4대 기능, 즉 문화 전달 및 창조의 기능, 사회화의 기
  능, 선발 및 분배의 기능, 사회 혁신 및 진보의 기능 등을 들
  수 있는데, 4차 산업 사회 이후의 학교의 기능과 역할은 지식
  전수와 지식 전달 기능에서 벗어나 지식 재창조 기능과 지식
  융합 기능, 그리고 지식 숙성 기능으로 바뀔 것으로 예견된
  다. 따라서 학습자들의 문제 해결 능력 중심의 학습과 학습
  자의 공동체 경험을 제공하는 역할이 확대될 것이다.

③ 4차 산업혁명은 지능 정보 기술 발달에 의한 사회 변화이므
  로 네트워크 사회에 알맞은 기능과 역할을 수행할 수 있도
  록 하는 내용이 중요한 학습 콘텐츠가 될 것으로 보인다. 이
  러한 학습자의 기능과 역할은 학교의 지식 전달의 기능이 아
  니라 지식 숙성과 지식 재창조의 지식 융합 기능과 연관되어
  있다. 이러한 학습자들의 학습적 접근은 소프트웨어의 능력
  을 배양하는 데 있고, 소프트웨어 활용을 통한 체험과 창의
  적 활동이 중요한 학습 영역이 될 것이다. 이 점에서 4차 산
  업혁명 이후의 학교의 기능은 소위 '3K 기능'(이현청, 2001),
  즉 지식 미디어(knowledge media), 지식 네트워크(knowledge
  network), 지식 인큐베이터(knowledge incubator) 기능으로 전

환될 것이고, 학습자의 학습 과정에서도 단순한 지식의 암기
나 습득이 아니라 응용과 융합, 그리고 협력에 의한 통합적
문제 해결 능력 등에 초점이 맞추어질 것이다.

4차 산업혁명 시대의
역량과 인재상

- 🖥 역량과 인재상의 변화
- 🖥 21세기 학습자가 갖추어야 할 16가지 기술
- 🖥 교육부가 제시한 미래 사회가 요구하는 6가지 역량

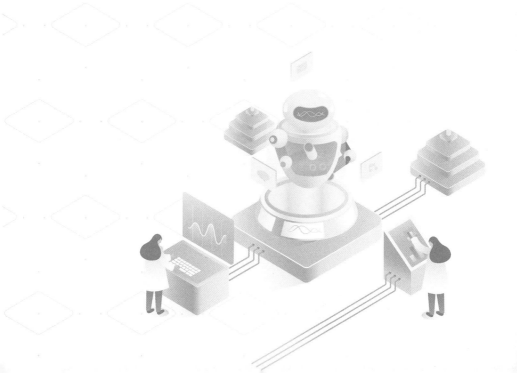

4차 산업혁명 시대의 역량과 인재상

4차 산업혁명 시대는 인간과 환경의 상호 작용, 그리고 조직 풍토 등에 있어서 큰 변화가 불가피하기 때문에 1차 산업혁명에서부터 3차 산업혁명까지의 인재상과는 다른 많은 변화가 예견된다. 물론 시대나 기술 변화와는 상관없이 인간으로서 갖춰야 할 기본적인 역량이나 인재상은 필요하지만 이러한 인재상이나 역량뿐만 아니라 4차 산업혁명의 변화 과정에서 나타난 새로운 직업 생태계, 문화 생태계, 가치체계, 산업구조 등의 패러다임 변화는 새로운 시대에 필요한 인재상을 요구하고 있기 때문이다.

4차 산업혁명 시대에 필요한 역량이나 인재상은 여러 관점에서 여러 기관이나 학자가 주장하고 있기는 하지만 공통적으로 인재상에 필요한 필수 덕목으로 제시되고 있는 것들은 다음과 같다.

우선 역량 및 인재상의 변화와 관련해서는 2016년 세계경제포럼에서 제시한 변화를 비롯해서 미래학자들이 예측하고 있는 인재상을 종합해 보면 어떤 인재상이 필요한지 알 수 있다.

🖥 역량과 인재상의 변화

세계경제포럼에서는 4차 산업혁명이 도래함에 따라 2020년에 가장 중요해질 10가지 역량을 제시했다. 이는 고용인의 측면에서 요구되는 능력과 부합되는 측면도 없지 않다.

2014년에 발표된 세계경제포럼의 10대 유망 기술을 보면, 4차 산업 사회에서 필요한 역량과 인재상의 변화를 예측해 볼 수 있다. 세계경제포럼에서 제시한 10대 유망 기술은 다음과 같다(전자신문 ETNEWS, 2014. 2. 27.).

- 신체 착용 가능한 웨어러블 전자기기
- 나노구조의 탄소복합물질
- 담수화 잉여물질 고농축 소금물에서 금속 채취: 퇴적물에서 광물을 채취하는 수준의 비용으로 개발될 것으로 전망
- 전력망에서의 전기 저장
- 나노와이어 리튬이온 전지
- 스크린 없는 디스플레이기
- 인간 미생물 군집을 이용한 치료법 개발
- 리보핵산(RNA)에 기반을 둔 치료법 개발
- 수치로 보는 자신(quantified self, 예측 분석)

한편, 2016년 세계경제포럼에서 제시한 미래 일자리의 9가지 핵심 직무 능력을 보면, 이러한 기술 변화에 걸맞은 역량을 필요

로 하고 있음을 알 수 있다. 세계경제포럼에서 제시한 핵심 직무
능력은 [그림 7-1]과 같다.

기본 능력	기본적 직무 능력	직능을 넘나드는 직무 능력	
인지 능력 • 인지 유연성 • 창의성 • 논리력 • 문제 인식 감수성 • 수리력 • 시각화 능력	**업무 내용 관련 역량** • 능동적 학습 • 구술 표현력 • 독해력 • 작문 표현력 • ICT 이해도	**사회관계 역량** • 협동 능력 • 감성지능 • 협상력 • 설득력 • 서비스 지향성 • 타인 교육훈련 　능력	**자원 관리 역량** • 재무자원 관리 • 물질자원 관리 • 인적 관리 • 시간 관리
신체 능력 • 육체적 힘 • 신체 동작의 　정교함과 정확성	**업무 처리 관련 역량** • 능동적 경청 • 비판적 사고 • 자기 모니터링과 　타인 모니터링	**시스템적 역량** • 판단력과 　의사결정력 • 체계 분석력	**테크놀로지 역량** • 장비 유지 및 보수 • 장비 작동 및 제어 • 프로그래밍 • 품질 관리 • 기술 및 UX 　디자인 • 기술적 문제 해결
		복합적 문제 해결 역량	

그림 7-1 ❖ 미래 일자리의 9가지 핵심 직무 능력

출처: 국가산업융합자원센터(2017).

2016년 세계경제포럼에서 미국, 일본, 독일, 영국, 프랑스, 호
주 등 세계 15개국 370여 개 기업의 인사담당자들을 대상으로 실
시한 설문 결과는 다음의 순위로 분석되고 있다. 이들이 최우선
으로 중요시하는 역량은 복합적 문제 해결 역량이다. 중요시되는
순서대로 역량을 열거해 보면 다음과 같다.

- 복합적 문제 해결 역량
- 사회관계 역량
- 업무 처리 관련 역량
- 시스템적 역량
- 인지 능력
- 자원 관리 역량
- 테크놀로지 능력
- 업무 내용 관련 역량
- 신체 능력

이와 함께 세계경제포럼에서는 21세기 학습자가 갖춰야 할 기술로 16가지를 제시하고 있는데, 각 기술은 복합적 기본 문해력과 이를 위해 갖춰야 할 협업과 의사소통 역량, 그리고 인간으로서 갖춰야 할 인성적 자질의 3가지 범주로 크게 나뉜다.

🖥 21세기 학습자가 갖추어야 할 16가지 기술

앞서 언급한 21세기 학습자가 갖춰야 할 기술 16가지는 기본 인성을 바탕으로 인간이 상호 협업하여 문제 해결을 해야 하는 복합적 기본 문해력과 이를 위한 협업과 의사소통 역량 등으로 제시되고 있는 것이 특징이다.

1) 복합적 기본 문해력

학생들이 일상생활에서 핵심 기술을 적용할 수 있도록 하는 가장 기본적인 역량은 문해력, 수학 능력, 과학적 문해력, ICT 문해력, 경제 문해력, 문화 · 시민 문해력 등 기본 문제 해결 능력과 연관되어 있는 이공계 능력, 인문사회 능력, 그리고 이를 활용할 수 있는 ICT 능력 등으로 집약되고 있는데, 한마디로 복합적 기본 문해력이 중요한 문해력에 해당된다고 설명하고 있다.

2) 협업과 의사소통 역량

학생들이 복잡하고 어려운 도전에 다가갈 수 있도록 도움을 주는 역량을 의미하는데, 이 역량은 비판적 사고와 문제 해결 능력, 창의성, 의사소통, 협력의 4가지 영역으로 이루어져 있다. 특히 창의성과 협력을 중요시하고, 이를 통한 의사소통, 그리고 이러한 과정에서 도출해 낼 수 있는 문제 해결 능력을 중요시하고 있다.

3) 인성적 자질

학생들이 변화하는 환경에 잘 적응하기 위한 인성적 자질을 매우 중요한 학습 능력 중 하나로 보고 있는데, 이러한 인성과 관련된 자질은 호기심, 진취력, 은근과 끈기, 적응력, 리더십, 사회 · 문화적 인식의 6가지 자질로 구성된다고 설명하고 있다.

21세기 학습자에게 필요한 16가지의 기술, 기법은 복합적 기본 문해력을 비롯하여 다음의 16가지로 집약될 수 있다.

- 수학 능력
- 과학적 문해력
- ICT 문해력
- 경제 문해력
- 문화 · 시민 문해력
- 비판적 사고
- 문제 해결 능력
- 창의성
- 의사소통
- 협력
- 호기심
- 진취력
- 은근과 끈기
- 적응력
- 리더십
- 사회 · 문화적 인식

향후 직업 생태계의 변화와 관련하여 직업별 컴퓨터화 가능성의 예측 결과를 보면, 앞에 제시된 학습자의 기본 역량이나 기술을 쉽게 이해할 수 있다. 직업 생태계의 변화와 관련하여 2020년에 가장 중요해질 10가지 업무 능력을 살펴보면 〈표 7-1〉과 같다.

〈표 7-1〉 2020년에 가장 중요해질 10가지 업무 능력

맥락 파악 (sensemaking)	이미 존재하거나 드러난 사실을 토대로 보다 깊이 있게 새로운 의미와 신호를 읽어 내는 능력
사회적 지능(social intelligence)	다른 사람들과 직접적이고 깊게 교감·교류하는 능력
참신하고 적응할 수 있는 사고(novel and adaptive thinking)	기계적이고 틀에 박힌 방식이 아닌 새로운 방식으로 문제를 해결하는 능력
다문화 역량(cross-cultural competency)	문화적 차이를 가진 타인을 이해하고 유연하게 받아들일 수 있는 능력
컴퓨터적 사고력(computational thinking)	정답이 없어도 데이터에 근거해 판단하고, 데이터에 숨어 있는 추상적 의미를 찾아내는 능력
뉴미디어 리터러시(new media literacy)	뉴미디어를 활용해 새로운 콘텐츠를 만들고, 주체적으로 정보를 받아들이는 능력
초학문적 능력(transdisciplinary)	학문의 경계를 뛰어넘는 다양한 시각으로 현상을 이해하는 능력
디자인 마인드셋(design mindset)	요구하는 결과를 얻기 위해 적절한 업무 프로세스를 개발하고 표현하는 능력
인지적 부하 관리(cognitive load management)	중요도에 따라 정보를 판별하고 걸러 내는 능력
가상 협력(virtual collaboration)	가상 팀의 멤버로 존재감을 드러내며 참여를 끌어내어 생산성을 높이는 능력

출처: 중앙시사매거진(2016. 11. 28.).

🖥 교육부가 제시한 미래 사회가 요구하는 6가지 역량

2016년 우리나라 교육부에서도 2015년 개정된 교과과정을 중심으로 미래 사회가 요구하는 6가지 역량을 제시하였는데, 이를 요약하면 다음과 같다.

> 첫째, 자아정체성과 자신감을 가지고 자신의 삶과 진로에 필요한 기초 능력과 자질을 갖추어 자기주도적으로 살아갈 수 있는 자기관리 역량
>
> 둘째, 문제를 합리적으로 해결하기 위하여 다양한 영역의 지식과 정보를 처리하고 활용할 수 있는 지식 정보 처리 역량
>
> 셋째, 폭넓은 기초 지식을 바탕으로 다양한 전문 분야의 지식, 기술, 경험을 융합적으로 활용하여 새로운 것을 창출하는 창의적 사고 역량
>
> 넷째, 인간에 대한 공감적 이해와 문화적 감수성을 바탕으로 삶의 의미와 가치를 발견하고 향유하는 심미적 감성 역량
>
> 다섯째, 다양한 상황에서 자신의 생각과 감정을 효과적으로 표현하고 다른 사람의 의견을 경청하며 존중하는 의사소통 역량
>
> 여섯째, 지역·국가·세계 공동체의 구성원에게 요구되는 가치와 태도를 가지고 공동체 발전에 적극적으로 참여하는 공동체 역량

지식정보화가 고도화되면서 데이터 분석과 소프트웨어 개발 능력이 요구됨에 따라 창의적인 정보지능형 영재가 중요한 인재상의 목표가 될 수 있다. 이를 위해서 미국 등 선진국에서는 컴퓨터 관련 정보 처리와 분석 능력, 그리고 이와 관련된 역량을 개발하기 위한 다양한 조건방법이 시도되고 있는데, 미국의 경우에는 STEAM 교육을 강화하고 있고, 영국은 코딩교육과 소프트웨어교육을 필수 교과과정으로 설정하고 있으며(소프트웨어정책연구소, 2017), 독일을 비롯한 유럽 국가 및 호주, 일본 등도 소프트웨어 교육을 강화하는 추세이다.

특히 4차 산업 사회에서는 앞서 제시된 역량처럼 창의력, 문제 해결 능력, 인문과학을 바탕으로 하는 소프트웨어 콘텐츠 개발 능력 등 복합적이고 융합적인 문제 해결 능력을 갖춘 인재를 필요로 하기 때문에 한마디로 융합형 인재 양성이 매우 중요한 시기라고 볼 수 있다.

이처럼 융합형 인재 양성이 중요한 이유는 융합적인 문제 해결 능력이 미래 사회에서 필요한 학습 역량의 기본이기 때문이며, 이것은 융합적 문제 해결 능력을 통한 협력과 협업에 필요한 인재가 매우 중요하다는 의미이다. 이러한 점에서 인간으로서의 따뜻한 감성과 서로 이해하고 협력하는 사회적 정서(social emotion) 능력이 중요하다. 이를 위해서는 협동심과 공감력을 지닌 사람을 길러 내는 교육이 중요하고, 잠재적 가능성을 개발하여 창의적이고 비판적인 사고를 바탕으로 새로운 시대를 창출해 내는 인재가 필요하다.

4차 산업혁명과 대학교육

4차 산업혁명과 대학교육

4차 산업혁명은 인류가 직면하고 있는 가장 큰 혁신적 변화이 자 인류 자체가 도전을 받고 있는 급격한 융합산업혁명이라 볼 수 있다. 더구나 인류사에서 4차 산업혁명은 3차 산업혁명까지의 기 존의 패러다임 변화와는 전혀 다르다고 볼 수 있다. 이는 기본적 으로 2개의 큰 패러다임의 충돌이라고 볼 수 있다. 인간과 인조인 간 간의 충돌, 인간지능과 인공지능 간의 충돌, 인간의 감성과 AI 감성 간의 충돌 등을 비롯한 기술 충돌, 융합 충돌, 사고의 충돌이 라는 점에서 심각한 쟁점을 안고 있는 양축으로 이루어진 산업혁 명이라 볼 수 있다. 한마디로 기존의 인간 주도의 산업혁명과는 그 특징과 충격이 전혀 다른 형태가 될 것으로 예측된다.

고급 인재 양성을 주요 기능으로 삼고 있는 대학의 기능 또한 그 역할과 기능의 측면에서 거대한 도전을 받고 있다. 3차 산업혁 명의 지식정보화 사회에서의 학습 패러다임 변화는 물론이거니 와 교육 내용과 대학의 존재 가치마저 도전받을 수 있는 시대적 혁명이라 볼 수 있다. 이러한 대학 환경의 변화는 결국 인간의 삶

과 교육 전체의 패러다임 변화를 예견하고 있다. 가상현실이 일
상화되고, 인공지능을 기반으로 하는 교통 · 문화 · 교육 · 의료 ·
가치 혁명은 인간의 삶을 완전히 바꾸어 놓을 것이다. 이는 소위
4차 산업의 주동력이라고 볼 수 있는 인공지능, 로봇, 빅데이터,
사물인터넷, 3D 프린팅, 핀테크 등으로 대변되는 산업혁명의 파
고를 결코 쉽게 넘을 수 없다는 가능성을 암시하는 것이기도 하
다. 4차 산업혁명은 탄환 열차나 진공 열차의 등장, 공기차의 등
장, 인간 수명의 대폭 연장, 그린 파밍(green farming), 초고속 운송
수단의 등장, 맞춤형 자가면역체계의 등장 등을 통해 세기적인 산
업혁명이 될 것으로 예견된다. 교육 또한 '외우는 교육'에서 '이해
하는 교육'을 넘어 '상상하는 교육'으로 대전환될 것이고, '준비하
는 교육'에서 '적시성교육'을 넘어 '경험하는 교육'으로 변화되어
교육 자체가 지속 가능한 재성장에 대한 커다란 숙제를 안겨 주
고 있다. 산업 생태계의 변화는 물론 직업 생태계의 변화, 인구 생
태계, '교육 생태계(educational ecology)'의 대변혁은 교육 없는 사
회가 아니라 수시로 교육하는 사회로의 변화를 의미한다. 이러한
점에서 대학의 미래는 예측 불가능할 정도로 엄청난 진화와 변혁
이 불가피하리라고 본다.

🖥 대학교육의 기능

대학교육은 대학이 탄생한 이래 여러 기능을 수행해 왔다. 이러

한 교육과 연구 과정 속에서 대학의 3대 기능은 1945년 독일의 철학자 칼 야스퍼스(Karl T. Jaspers)에 의해 교육, 연구, 봉사로 설정되었다(Jaspers, 1945). 그 후부터 대학은 교육, 연구, 봉사의 3대 기능을 수행해 온 교육기관이었다. 그러나 시대에 따라, 산업혁명의 특성에 따라 이 3대 기능 중 하나의 기능에 치중해 온 면도 없지 않아 있다. 지식정보화 사회 이후에는 대학교육의 기능에 있어서 교육 기능보다는 연구 기능이 보다 강조되었고, 산업 사회시대에는 연구 기능 못지않게 교육 기능이 매우 강조되었다. 대학교육의 기능은 기본적으로 3인(人) 기능(이현청, 1998)으로 정의될 수 있다. 대학교육의 기능은 인간을 기르고 사회에서 필요한 인력을 배출해서 가장 값진 인재를 양성하는 것이라 볼 수 있다. 대학교육의 기능을 제시하면 [그림 8-1]과 같다.

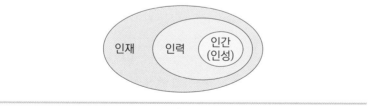

그림 8-1 ❖ 대학교육의 기본 기능(3人 육성 기능)

출처: 이현청(1998).

대학교육 기능의 변화를 도표를 이용해 세부적으로 구분해 보면 〈표 8-1〉과 같다.

〈표 8-1〉 대학교육의 기능 변화

학문적 기능	사회적 기능
• 교육 기능 → 연구 기능 → 사회봉사 기능 순으로 추가됨	• 고등교육의 대중화 • 과거 신분 사회의 혈통주의 → 학력
• 교육 기능: 대학은 발생 초기부터 교육 기능 중심으로 운영됨. 특화된 전문성 개발	• 인재를 사회화하여 노동 시장에 공급하는 사회적 선발과 분배
• 연구 기능: 대학 발생 초기에 연구는 대학의 필수 기능이 아님. 19세기 말, 대학의 학문 활동의 관심은 지식 전달 → 지식 발견	• 기능적 가치 → 상징적 가치 • 실질적 학력 → 형식적 학력
• 사회봉사 기능: 교육 기능 및 연구 기능 성과를 활용. 1862년 「모릴법」이 제정되고, 농업 및 지방산업 진흥을 목적으로 설립된 주립 대학교들은 산업 발전을 위한 활동을 하면서 사회봉사 기능 수행	• 대학의 신뢰는 노동 시장 경쟁에서 유리한 입장을 확보할 수 있는 자격증 제도가 되고 있음. 졸업장 및 자격증을 사회적 신분지표로 활용하고 있음(학위 남발, degree mill)

대학교육의 기능 변화를 산업혁명별로 보면 교육이 강조되는 실제적 기능을 살펴볼 수 있다. 1차 산업혁명에서는 체력, 힘을 강조한 데 반해, 2차 산업혁명에서는 부분기술력을, 3차 산업혁명에서는 정보기술력을, 4차 산업혁명에서는 초지능형 사고력을 갖춘 초융합형 인재를 필요로 한다고 볼 수 있다. 이러한 변화는 향후 산업혁명의 변화 과정을 통해서도 쉽게 알 수 있을 것이다. 특히 4차 산업혁명에서는 초지능형·초융합형 교육 인재를 매우 중

요시하고 있음을 알 수 있다.

〈표 8-2〉 교육의 실제적 기능

- 1차 산업혁명 ← 체력, 힘(人力; horse power man-power)
- 2차 산업혁명 ← 부분기술력(技術力; engineer-technician)
- 3차 산업혁명 → 정보기술력(情報力; information-species)
- 4차 산업혁명 ← 초지능형 사고력(新人力; super intelligent thinker)
  초융합형 인재(super blended human resources)

　대학교육의 기능 중에서 4차 산업 사회의 인재상과 관련해서 논의를 해 보면, 흥미와 호기심을 갖춘 문제 해결 능력의 소유자 및 융복합형 가치와 통찰력을 갖춘 인재, 그리고 협동심이 두드러지는 인재를 매우 중요한 인재상으로 설정하고 있음을 알 수 있다.

🖥 대학이 길러 내야 할 인재와 특성

〈표 8-3〉 4차 산업 사회의 인재상

• 문제 해결 능력	• 인간적 능력[인지, 감성, 반성(회개]
• 흥미	• 행동정신
• 융복합적 가치	• 통찰력
• 협동심	• 질문 능력

　4차 산업 사회의 인재상은 앞에 제시된 8가지로 요약, 정리될 수 있는데, 한마디로 '미래 준비형' 인재에서 '현재 적응형' 인재로

전환되어야 한다는 데 핵심적 의미가 있다. 즉, 암기 위주의 단순한 지식 습득형 인재보다 다양한 문제를 가장 현명한 방법으로 해결할 수 있는 적응 중심의 인재가 필요하다는 의미이다. 더구나 사회의 급격한 변화에 따라 준비하는 교육은 이미 늦고 변화된 현실 속에서 즉시 적응할 수 있는 '적시성교육(just-in-time education)'으로 전환한다는 의미이다. 오헌석과 유상옥(2015)은 21세기 미래사회의 인재와 관련해서 21세기에 필요한 미래 인재상을 다음과 같이 정리하고 있다.

1) '문제 해결형 인재'에서 '문제 창조형 인재'로

문제 해결형 인재는 주어진 상황에서 발생하는 문제를 가장 효율적이고 효과적으로 해결할 수 있는 통찰력과 종합적 분석 능력을 갖춘 인재라는 의미이고, 문제 자체를 지혜롭게 분석하여 문제를 해결하고 대안을 도출해 내는 능력이 있는 사람을 말한다. 이러한 점에서 문제 해결형 인재는 주어진 상황에서 야기되는 문제를 해결하는 것에 그치는 데 반해, 문제 창조형 인재는 주어진 문제를 해결할 뿐만 아니라 이 문제를 적용하여 창조적으로 새로운 해법과 가능성을 도출해 내는 인재이다.

2) '전문지식형 인재'에서 '융합형 인재'로

일반적으로 전문지식형 인재를 특정 학문 혹은 단일 전공의 관점에서 문제를 해결하려는 부분적 문제 해결형 인재라고 본다면, 4차 산업 사회에서 요구하는 융합형 인재는 특정 학문의 관점이 아니라 통합적이고 융합적인 관점에서 문제를 해결하는 인재를 의미한다. 이러한 융합형 인재는 다양한 인접 학문 분야의 전문지식을 결합하여 통합적인 분석 능력과 문제 해결 능력을 갖춘 인재를 의미한다. 이러한 인재는 융합형 교과과정과 융합형 교육을 통해서 양성할 수 있고, 단순한 지식 전달형 학습에서는 양성이 불가능한 인재라 볼 수 있다. 이 점에서 전문지식형 인재에서 융합형 인재로의 전환은 교육 전반의 학습 패러다임을 바꾸지 않는 한 한계가 있을 수밖에 없다. 특히 21세기의 인재는 융합형 창의적 인재이기 때문에 종합적인 문제 해결 능력 없이는 창의적 인재로 성장할 수가 없다. 융합형 창의적 인재는 다양한 융합 학문을 통해 습득된 내용을 중심으로 주어진 상황에서 가장 현실적이고 창의적인 문제 해결 능력을 발휘하는 인재를 말한다. 그러므로 교과과정이나 전공의 측면에서도 단일 전공의 인재가 아니라 융합 전공의 인재, 단일 학문의 습득이 아니라 다학문적 접근을 통해 습득한 인재를 의미한다.

3) '개인 중심형 인재'에서 '관계 중심형 인재'로

4차 산업 사회에서는 혼자 독립적으로 업무를 수행하거나 문제를 해결하는 인재상이 아니라 통합적이고 협력을 통한 문제 해결형 인재상이 중시되므로 개인의 특성이나 자질도 중요하지만 이에 못지않게 공동 협력을 통한 협업, 그리고 협력의 마인드를 가진 인재가 더 중요시되는 사회라고 할 수 있다. 이러한 점에서 조직 내에서 효율적인 소통과 협업이 가능하고 사회적 관계, 감수성 등이 높은 인재를 요구하게 된다. 4차 산업 사회의 가장 큰 특징 중 하나는 융복합·네트워크 사회이므로 개인의 특성이나 인성, 자질에 있어서도 개방된 사고와 개방형 인재가 요구된다. 한마디로 개인 중심, 경쟁 위주의 인재상에서 협력 중심, 팀 중심, 협력 위주의 인재상으로의 변화가 가장 중요한 인재상의 동향이라 볼 수 있다.

📟 미래 사회가 요구하는 인재상

미래 사회가 요구하는 인재상의 특징은 OECD 핵심 역량, ATC21S 프로젝트, 국내 100대 기업 인재상 등에서 요약, 정리되고 있는데, 공통적인 부분도 있고 다소 다른 측면에서 접근하는 경향도 없지 않다. 우선 OECD의 핵심 역량이라고 볼 수 있는 역량들을 요약, 정리해 보면 다음과 같다.

1) OECD의 핵심 역량(DeSeCo)

- 여러 도구를 상호 작용적으로 활용하는 능력
  - 언어 상징 텍스트 등 다양한 소통 도구 활용 능력

　　－지식과 정보를 상호 작용적으로 활용하는 능력

　　－새로운 테크놀로지 활용 능력

　• 사회적으로 이질적인 집단에서의 상호 작용 능력

　　－인간관계 능력

　　－협동 능력

　　－갈등 관리 및 해결 능력

　• 자율적인 행동 능력

　• 전체 조직 내에서 협력적 · 자율적으로 행동할 수 있는 능력

　• 자신의 인생계획 프로젝트를 구상 · 실행하는 능력

　• 자신의 권리 필요 등을 옹호 · 주장하는 능력

2) ATC21S 프로젝트가 제안한 21세기 핵심 역량

시스코, 마이크로소프트, 인텔과 같은 글로벌 기업들이 후원하고, 호주, 핀란드 등 여러 국가가 참여하여 추진한 '21세기 역량의 평가와 교육' 프로젝트인 ATC21S 프로젝트가 제안한 21세기 핵심 역량은 다음과 같다.

　• 사고방식

　• 직무 방식

　• 직무 수단

　• 사회생활 방식

3) 국내 및 해외의 주요 대학에서 강조하는 인재의 특성

국내 대학과 해외의 주요 대학에서 강조하는 인재의 특성은 4차 산업 사회에서 요구되는 특성과 다를 바가 없는데, 주로 창의성과 다양성, 그리고 혁신과 호기심 등을 들 수 있다. 국내 대학은 창의성과 창조성을 강조한 반면, 외국 대학의 경우에는 다양성과 탐구 능력, 그리고 이를 통한 혁신을 강조하는 것이 특징이라고 볼 수 있다.

- 국내 대학: 창의성과 창조성
- 외국 대학: 다양성과 탐구 능력을 통한 혁신

4) 국내의 100대 기업이 요구하는 인재의 특성

국내 기업들이 요구하는 인재상의 특징은 시대가 변해도 공통적인 인재상의 부분이 있고, 시대에 따라 다소 변화되는 부분도 있다. 국내 30대 기업이 요구하는 인재상의 특성이나 100대 기업이 요구하는 특성은 매우 유사한데, 그 기본적인 특성은 인성, 협동심, 충성심, 도전정신, 의사소통 능력, 그리고 대인관계 능력 등이라 볼 수 있다. 국내 기업이 요구하는 인재상이 중요한 이유는 취업과 연관된 대학교육의 교과과정이나 교육방법, 교육 목표 등에 많은 영향을 주기 때문이다. 특히 소통과 협력, 전문성, 원칙·신뢰, 도전정신 등이 중요시되고 있다.

 대한상공회의소에서 제시하고 있는 100대 기업의 인재상 변화
를 보면(〈표 8-4〉 참조), 2008년에는 창의성이 매우 강조된 반면,
2013년에는 도전정신이, 2018년에는 소통·협력이 최우선 순위
임을 알 수 있다. 물론 창의성이나 도전정신은 순위에 다소 차이
가 있지만 100대 기업이 선호하는 인재상의 중요한 덕목으로 포
함되어 있다. 〈표 8-4〉에서 볼 수 있듯이, 산업구조의 특성에 따
라서 또 기술 변화의 특징에 따라서 인재상에 다소 변화가 있을
수 있지만 4차 산업 사회로 지칭되는 지금에는 협력체계와 소통
이 최우선 순위임을 알 수 있다. 인재상의 9가지 덕목으로 제시되
고 있는 것은 소통·협력, 원칙·신뢰, 도전정신, 전문성, 창의성,
열정, 글로벌 역량, 주인의식, 그리고 실행력이다.

〈표 8-4〉 100대 기업의 인재상 변화

구분	2008년	2013년	2018년
1순위	창의성	도전정신	**소통·협력**
2순위	전문성	주인의식	전문성
3순위	도전정신	전문성	원칙·신뢰
4순위	원칙·신뢰	창의성	도전정신
5순위	**소통·협력**	원칙·신뢰	주인의식
6순위	글로벌역량	열정	창의성
7순위	열정	**소통·협력**	열정
8순위	주인의식	글로벌역량	글로벌역량
9순위	실행력	실행력	실행력

출처: 머니투데이(2018. 8. 27.).

5) 주요 외국 기업이 요구하는 인재의 특성

한편, 주요 외국 기업이 요구하는 인재의 특성은 국내 기업과는 달리 사고의 유연성, 위기에 대한 책임감과 도전정신, 미래에 대비한 대처 능력과 해결 능력을 더 강조하고 있고, 이를 위해 도전정신과 열정, 창의력을 매우 중요시하고 있음을 알 수 있다.

🖥 대학 학습 패러다임의 변화

대학 학습 패러다임의 변화는 한마디로 4차 산업혁명에 필요한 인재를 양성하는 데 주안점을 두고 있다. 주로 4차 산업 사회의 주축이 되고 있는 AI와 빅데이터, 그리고 클라우드 컴퓨팅 등에 필요한 코딩교육과 소프트웨어교육을 중요시하고 있다. 대학 학습 패러다임의 주요 변화를 요약해 보면 다음과 같다.

- 구체적 교육 내용으로는 소프트웨어교육, 코딩교육을 주요하게 언급하고 있다.
- 교육과정에서 역량이라는 개념이 도입되면서 전통적인 전공과 교양교과로 이분화되었던 경향이 바뀌어 비교과 활동이 강조되는 추세가 두드러진다.
- 교양 교과에 있어서는 인문학적 소양을 더욱 강조하는 인문학적 교과들이 강조되는 추세이고, 전통적인 외국어, 컴퓨터,

그리고 표현 능력 등의 교양 교과과정뿐 아니라 인문학적 소양을 기를 수 있는 교과과정이 더욱 강조되고 있는 실정이다.

• 전공 교과의 경우에는 창의적 체험 활동, 문제 해결 과정을 체험하게 하는 캡스톤 디자인 과목이 거의 모든 학문 분야에 도입되는 추세가 확대되고 있다.

• 이러한 변화들을 볼 때 문제 해결 능력, 문제 해결 과정, 컴퓨팅 사고를 체험하게 하는 교과, 예컨대 소프트웨어교육, 코딩교육을 위한 교과 도입이 본격화되는 추세에 있음을 알 수 있다.

대학에서 강조되는 지식의 특징

• '단편적' 지식이 아니라 '구조'로서의 지식(기본 개념과 원리, 이론)
• '결과'로서의 지식보다는 '과정'으로서의 지식
• '명제적 지식'의 올바른 학습에 기반을 둔 '방법적 지식'의 터득

대학에서 요구되는 가르치는 방법의 혁신

4차 산업혁명의 확산에 대비하기 위한 대학교육의 혁신과 관련한 요구는 교육방법을 중심으로 이루어지고 있다. 4차 산업 사회의 교육방법과 이슈는 다음 몇 가지 측면에서 두드러진 변화를 경험하고 있다.

1) 학생들의 참여와 경험 강조

- 프로젝트 학습
- 문제 기반 학습
- 팀 학습
- 서비스 러닝
- 탐구(발견) 학습

2) 기술의 활용 강조

- 개인맞춤형 학습
- 거꾸로 학습
- 온라인 강좌의 적극적 활용
- 가상현실과 증강현실의 교육적 활용

3) 표층 학습보다 심층 학습 지향

많이 아는 것만 추구하는 '표층 학습(surface learning)'으로부터 많이 알면서 동시에 깊이 알고 새로운 산출물을 만들어 낼 수 있는 능력을 길러 주는 '심층 학습(deep learning)'으로 발전해 나가야 한다(Fullan & Langworthy, 2014).

4) 칸막이교육에서 융합교육 지향

- 대학교육의 주류는 한마디로 칸막이교육이었는데, 칸막이교육은 학생의 능력 개발에서 한계를 지니고 있다.
- 이러한 칸막이교육의 한계를 극복하기 위해서 다양한 창의적인 방법이 개발되고 있는데, 창의적 아이디어란 탄탄한 기반 지식을 기초로 지식 간의 연계와 융합을 통해 산출되는 것을 의미한다. 이는 창조적 인간 육성과 관련하여 창의융합교육, 비판적 사고교육의 필요성을 강조하며, 융복합교육이 필요하다는 의미이다.
- 단일 학문보다는 다양한 인접 학문이 융합되는 융복합 학문 체계로 전환된다는 것을 의미한다(행정안전부, 2012).

🖥 4차 산업혁명에 따른 대학의 변화(학과, 교육과정 등)

1) 스탠퍼드대학교

- 특징 1: 프로젝트 기반 학습. 1993년에 도입된 학습법으로, 프로젝트 팀을 구성해 문제 해결 능력을 향상
- 스탠퍼드대학교 기계공학과 래리 라이퍼(Larry Leifer) 교수는 '현실이 최고의 선생님'이라고 강조
- 특징 2: 아우디, 포드, SAP 등 기업이 제기한 실제 문제를 해

결하는 산학협력 프로젝트

2) 에꼴42

프랑스의 에꼴42는 2013년에 설립된 실험적인 정보기술교육기관이다. 전공과 상관없이 누구나 도전할 수 있고, 입학시험을 통과하면 학비는 전액 무료이다. 입학시험은 한 달 동안 치러진다.

- 특징 1: 교수와 수업이 없음. 단지 스스로 학습만이 있으며, 학생들은 이곳에서 무언가를 창조하고, 학교는 불확실한 상황 속에서 프로젝트를 제시해 주기만 함
- 에꼴42는 팀워크로 공동체형 인재를 양성함. 세계 최대 규모의 스타트업 인큐베이터인 스테이션F에도 에꼴42의 졸업생들이 많음. 에꼴42에서 강조하는 미래에 요구되는 직무수행 역량으로는 의사결정 능력, 협업 능력, 복합 문제 해결 능력, 비판적 사고, 창의성 등을 들 수 있음

3) 프랭클린 W. 올린 공과대학

- 특징 1: 프로젝트 기반 학습으로 배우는 방법을 배움
  - 실습 위주, 팀 위주의 교육 방식과 학과 간 벽을 허물고 융합교육을 실시함. 이는 모든 경계가 사라지는 5차 산업혁명을 따라가는 것임

• 특징 2: 융합교육으로 창의적 인재를 키움
• 특징 3: 팀워크를 통해 혁신가를 키움
• 특징 4: 기업과의 연계로 시장이 필요로 하는 인재 양성

4) 한국과학기술원(카이스트)

카이스트 기계공학과 김양한 명예교수의 강의 '서양화를 통해 배우는 새로운 기계 공학'에서는 대표적인 서양화가들을 '공학적 관점'으로 조명하여 서양화의 시대별 변천과 화풍의 변화에 관한 연구를 통해 기계공학적 접근방법과 비교 · 분석함으로써 서양화와 기계공학의 융복합 강의를 실현하고 있다.

5) 한양대학교

한양대학교는 국내 대학 혁신 1위 대학, 그리고 아시아 10대 혁신 대학에 선정될 정도로 4차 산업 사회에 필요한 인재 양성을 위한 다양한 학습방법과 융합교육, 그리고 첨단학과 신설 등 주목받는 혁신을 추진하고 있는 대표적인 대학 중 하나이다. 국내 최초의 빅데이터와 교육 융합 프로그램을 비롯하여 창업을 주도하는 스타트업 프로그램의 활성화, 그리고 학습방법에 있어서도 프로젝트 중심 학습, 융합 학습, 문제 중심 학습 등 다양한 혁신적 학습방법을 도입하고 있는 대학이다. 많은 변화 중 하나의 예로, 2019년 입시전형을 통해 다이아몬드7학과(컴퓨터소프트웨어학부,

미래자동차공학과, 융합전자공학부, 에너지공학과, 정책학과, 행정학과, 파이낸스경영학과)에 합격한 사람에게는 4년 전액 장학금을 지급한다. 또한 서울캠퍼스 경영관에 7가지 형태의 프로젝트를 수행하는 공간인 '한양비즈니스랩'을 신설했다.

6) 중앙대학교

학생맞춤형 지도를 강화하기 위한 지도교수제 선진화 및 고도화를 추진하고 있다. 학생 수가 많은 대형 대학에서의 단점을 보완하기 위해 소규모 강의인 'CAU 세미나'를 개설·운영 중이다. CAU 세미나에서는 매 학기마다 지도교수와 강의계획안에 따라 대학생활을 성공적으로 설계하고, 전공 및 커리어 방향을 설정할 수 있도록 지도한다. 특히 CAU 세미나는 1학년 학기 동안 의무 이수해야 하는 필수 과목이다. 이 CAU 세미나의 모든 상담, 과제 수행 활동은 통합 관리 시스템인 레인보우 시스템 내에서 이뤄지고, 지도교수와의 상담 데이터는 이곳에 모두 축적된다.

7) 건국대학교

건국대학교(글로컬캠퍼스)는 농축산 바이오와 생명과학, 의생명 분야를 육성하는 대학으로, 학문적 강점과 축적된 연구 역량을 바탕으로 4차 산업혁명을 선도할 충청권 힐링 바이오 산업 전문 인력을 양성한다는 계획이다. 특히 글로컬캠퍼스가 위치한 충청북도 충주시는 당뇨바이오특화도시와 힐링휴가도시를 주창하고 있어 지역상생 산학협력 허브로서 대학과 지역사회 및 기업의 동반 성장의 기대를 모으고 있다.

8) 전남대학교

대학-기업 간의 산학협력에서 지역사회로까지 확장시키는 모델을 추구하고 있다. 대학이 보유한 석 · 박사급 창의인재와 기술사업화 역량을 지역사회로 확산하기 위해 사업단의 가치를 'ConnecT-YOU'로 정했다. 즉, 전남대학교의 창의 인재와 융합지식이 기업과 기관, 지역사회를 연결한다는 의미를 담고 있다.

한편, 4차 산업혁명을 이끌 10대 기술을 중심으로 대학학과 및 구조개편도 이루어지고 있는데, 많은 대학에서 3D 프린팅, 핀테크, 드론, 로봇학과 등 AI에 연관된 학문 분야들을 중심으로 구조개편을 시행하고 있다. 일례로 AI와 관련된 학문 분야의 경우, 로봇공학 분야는 한양대학교 ERICA 캠퍼스의 '로봇공학과'와 광운대학교의 로봇학부, 동국대학교의 '기계로봇에너지공학과'와 같이 이미 전공학과를 개설하여 로봇공학 분야의 인재를 양성하고 있다. 대학 내의 학과 개설과 더불어 산업체와 협력하여 신기술 분야를 탐구하는 대학들도 있다. 성균관대학교는 지난 2014년 삼성전자와의 공동연구를 통해 반도체 기판 위에 단결정 그래핀을 대면적으로 합성하는 원천 기술을 개발한 것에 이어 이번에는 반도체 웨이퍼 위 '대면적의 단원자층 비정질 그래핀 합성' 원천 기술을 세계 최초로 개발했다. 성균관대학교는 영국특허청을 기준으로 147건의 그래핀 특허를 받아 '그래핀 특허 세계 1위'라는 기록을 세우기도 했다.

3D 프린팅 분야에서는 대림대학교가 3D 프린터 제조기업 '센트롤'과의 산학협력을 실시 중이다. 센트롤은 2017년 5월 22일, 대림대학교에 센트롤 SM350을 납품했다. 센트롤 SM350은 앞으로 대림대학교의 3D 프린팅 전문 교육과정 개설과 인재 양성을 위해 활용될 전망이다.

덕성여자대학교는 올해부터 '휴마트 교육'을 통해 전문 교양강의를 개설하여 문과계열의 학생들 역시 기초전문지식을 습득할 수 있도록 했다.

한국외국어대학교는 '영어학과'의 명칭을 'ELLT(English Linguistics & Language Technology)학과'로 변경했다. 학교 측은 실용영어교육과 이론 영어학 중심으로 이뤄진 교육과정에 언어공학 분야를 도입하여 인문학적 어문학 교육의 한계를 극복하려는 것이라고 설명했다. 단순히 학과명만 바뀌는 것이 아니라 컴퓨터 공학으로 분류되는 언어공학(컴퓨터 언어 처리법 등)을 배우는 교육과정이 추가된다. 이와 함께 동양어대학도 '아시아언어문화대학'으로 명칭을 변경하여 운영하고 있다. 말레이·인도네시아어과, 터키·아제르바이잔어과, 몽골어과 등으로 구성된 동양어대학이 이름을 바꾼 것은 글로벌 시대를 맞아 언어를 넘어서 문화까지 아우르겠다는 의미를 담고 있다.

경희대학교는 2018년에 소프트웨어융합교육을 위한 단과대학을 신설했다. 또한 전자정보대학에 포함된 '소프트웨어융합학과'가 별도의 단과대학으로 독립했다. 이 대학은 2018년 초에 4차 산업혁명을 대비하는 차원에서 인공지능 등 첨단 기술에 적용할 소프트웨어 개발을 전공하는 소프트웨어융합학과를 신설한 데 이어 규모를 더욱 키웠다.

건국대학교는 2017년에 공과대학에 속한 '토목공학과'의 명칭을 '인프라시스템공학과'로 바꿨다. 토목공학이 도로·항만 건설 등 다양한 사회기반시설을 다루는 학문이라는 점을 강조했다는 게 이 대학의 설명이다. 건국대학교는 4차 산업혁명이 가져올 변화에 대응하기 위해 바이오 생명공학, 정보통신기술(ICT)융합공학 등을 주로 다루는 'KU융합과학기술원'을 신설하기도 했다. 이곳에 미래에너지공학과, 스마트운행체공학과, 스마트ICT융합공학과 등 8개 학과를 만들어 전통적인 공과대학을 벗어난 미래 유망분야를 연구할 인재를 육성하고 있다.

또 학과를 통합해 단과대를 출범한 사례도 있다. 한양대학교는 2017년에 소프트웨어 전공과 컴퓨터 전공으로 나뉜 두 학과를 통합해 '컴퓨터소프트웨어학부'를 만들었다.

4차 산업혁명 시대의 교육

제9장

4차 산업혁명 시대의 교육

4차 산업혁명 시대는 인간의 정체성에 대해 여러 가지 논란이 발생할 수 있는 시대이고, 특히 AI의 급격한 기술 혁신에 따라 매우 가까운 장래에 AI가 인간의 지능을 능가하고 인간의 감성 또한 능가할 수 있는 시대이다. 이러한 점에서 교육의 미래 또한 이러한 큰 변화의 영향을 받지 않을 수 없다. 단순히 지식 습득에만 국한된 현재와 같은 교육 시스템으로는 4차 산업혁명 시대에 필요한 인재 양성을 하는 데 극히 제한적일 수밖에 없다. 따라서 많은 미래학자는 4차 산업혁명 시대는 교육의 기존 틀이 온전히 바뀔 수밖에 없는 시대적 과제를 안고 있다고 우려하고 있다. 4차 산업혁명 시대에 필요한 교육은 한마디로 지식 습득의 교육이 아니라 지식 응용의 교육이고, 이것은 지식형 인간이 아니라 지혜형 인간의 시대가 도래한다는 의미를 갖는다. 이러한 점에서 교육방법의 대변혁이 불가피하고, 교육 콘텐츠와 교육 시스템 전체의 변화가 예견된다. 이러한 변화를 예견하는 미래학자들은 대학이 위기라고 진단하고 있으며, 일부 미래학자는 2030년에는 많은 대학이 사라질 것이고, 심지어 2050년경에는 세계 10대 대학을 제외한 대학들이 위기에 봉착하거나 사라질 수 있는 가능성이 있다고 불행한 예고를 하고 있는 실정이다.

대학의 위기와 관련된 예견들을 요약해 보면 〈표 9-1〉과 같다.

〈표 9-1〉 대학의 위기와 관련된 예견

학자	주장
토마스 프레이	2020년에는 대부분의 대학에서 캠퍼스가 사라질 것이다.
피터 드러커 (Peter Drucker)	전 세계 대학의 절반은 20년 내에 문을 닫을 것이다.
UN 미래보고서	2030년에 사라지는 10가지 중 하나가 강의실과 공교육이다. 전통적인 대학교실 수업의 90%는 개방형 온라인 교육으로 바뀔 것이다.
제임스 캔턴 (James Canton)	기존의 집단적인 대중교육으로는 미래에 적합한 인재를 키워 낼 수 없다.
케빈 켈리 (Kevin Kelly)	100년 전통의 기존 대학은 20년 이내에 사라질 것이다.
이현청	2030년 한국의 대학은 60개 정도 사라질 것이다.

2017년 4월 21일에 '4차 산업혁명 시대, 교육의 미래를 묻는다'라는 주제로 열린 미래융합교육학회 창립총회에서 한국과학기술원의 이광형 교수는 지식만 외우는 공부를 한 사람은 미래에 실업자가 될 가능성이 있다고 주장하면서 "미래에 지식은 인공지능이 다 제공하게 된다. 기존처럼 지식이 많은 사람은 인공지능

에 밀려 제값을 받지 못하고 실업자가 될 가능성이 많다."고 말했다. 또한 "미래를 살아갈 인재들에게는 사람과의 협동뿐 아니라 기계와의 협동도 중요해질 것이다. 미래의 기업들은 협동할 줄 아는 창조적 인재를 원하고 있다."고 주장했다(The Science Times, 2017. 4. 26.). 이러한 미래를 예상하면서 학교의 기능이 무엇인지, 앞으로 어떤 역할을 해나가야 할지 고민해야 한다고 주장했다. 그 대안으로서 "학교의 기능은 지식 함양, 협동성, 창조력의 3가지라고 생각한다. 미래 사회에서 학교의 역할 중 지식 전달 역할은 크게 위축될 것이며, 대신 협동과 창조성을 길러 주는 학교가 인기 학교가 될 것"이라면서 "학생들은 인터넷을 통해 강의를 듣고 학습을 하고, 교실은 질문하고 토론하는 곳이어야 한다. 앞으로 기존의 교육 방식은 학생들에게 외면당할 것"이라고 주장했다. 이를 위해서 프로젝트 중심 학습 및 결과물을 창출해 내는 협동과 창조성을 기를 필요가 있다고 설명했다.

하세정 정보통신산업진흥원 수석연구원도 교육에 있어서 혁신이 절실하다고 주장하면서 『The Science Times』와의 인터뷰에서 "창조와 공감 역량이 요구되는 4차 산업혁명 시대에는 과거의 혁신 역량은 통하지 않는다."고 하였고, "우리나라는 R&D 투자 규모가 세계적 수준이지만 여전히 4차 산업혁명을 선도하는 기술을 개발하지 못하고 있다. 창의적이고 공감하는 능력을 가진 인재를 양성하는 교육체계의 혁신 없이는 4차 산업혁명에서 도태될지도 모른다."고 제언했다(The Science Times, 2017. 4. 26.).

한편, 한국교육학술정보원 장상현 실장의 경우도 『The Science

Times』와의 인터뷰에서 "인공지능 기술이 사물인터넷, 클라우드, 빅데이터, 모바일 기술과 접목해 보다 효율성을 높이려는 4차 산업혁명에 대비하기 위해서는 협력과 도전정신, 기업가 정신을 기를 필요가 있고, 지금까지의 지식 전달 중심의 교수학습은 문제 해결을 위한 협력 학습 형태로 바뀌어야 한다."고 주장하면서 기업가정신을 기반으로 실패를 두려워하지 않는 선도자를 양성하는 교육체제를 구축해야 한다고 주장했다(The Science Times, 2017. 4. 26.). 이렇듯 기술의 인간지능 대체와 노동 시장의 변화가 가속되는 4차 산업혁명 시대는 인간과 인공지능의 공존이 필요한 시대이고, 이를 위한 교육체제를 구축하는 것이 바람직하다고 볼 수 있다.

　4차 산업혁명 시대의 교육은 다음의 몇 가지 관점에서 그 변화를 인식할 수 있다.

- 미래교육의 변화: 캠퍼스 없는 사회의 도래
- 교수자와 학습자의 역할 변화
- 교육과정의 변화
- 학습 평가 및 인증, 그리고 질 관리의 변화
- 학습방법의 변화
- 교육제도의 변화

🖥 미래교육의 변화: 캠퍼스 없는 사회의 도래

　미래교육과 관련된 변화는 다양한 시나리오가 가능할 것인데, 대표적인 경향 중 하나는 캠퍼스 없는 사회가 도래한다는 것이다. 캠퍼스 없는 사회의 도래는 현재의 교육 시스템 전반에서 대변화가 이루어진다는 의미이다.

　캠퍼스 없는 사회의 도래는 지금과 같은 하드웨어적 인프라 중심의 교육에서 소프트웨어적 교육의 형태로 바뀐다는 뜻이다. 미래교육의 변화 예측의 몇 가지 중요한 경향을 정리해 보면 다음과 같다.

- 캠퍼스 없는 학교 교육 시대의 도래
- 학습 촉매자로서 교사 시대의 도래
- 자기주도적 학습자 확산 시대의 도래
- 적시성교육 시대의 도래
- 학위 없는 사회의 도래
- 경험 중심 학점제 시대의 도래
- 마이크로 · 나노 학위 시대의 도래
- 학습 코칭과 학습 테라피 시대의 도래
- 체인 평생학습 사회의 도래
- 글로벌 학습 사회의 도래

　이러한 변화는 4차 산업 사회의 교육은 캠퍼스 중심에서 캠퍼스 없는 교육체제로의 변화를 의미하고, 가상 학습과 증강 학습, 그리고 융합 학습 시대로의 도래를 의미한다. 이러한 점에서 미래교육은 온전히 캠퍼스 없는 네트워킹 학습(networking learning), 협약 학습(contract learning), 자기재단형 학습(self-tailored learning), 그리고 경험 중심 학습 등이 중요한 경향이 될 것이다. 이러한 변화는 기존의 교육체제와 체계의 대변혁을 의미하고, 한마디로 '학교 없는 학습 사회(schoolless learning society)'의 도래라고 볼 수 있다(이현청, 2018a).

🖥 교수자와 학습자의 역할 변화

교육 패러다임의 대변화에 따라 학습 과정에 개입된 교수자와 학습자의 역할 또한 큰 변화를 필요로 한다. 가르치는 자의 입장에서의 교수자는 이제 가르치는 입장이 아니라 코칭의 입장, 교육 상담자의 입장, 교육 디자이너의 입장, 교육 파트너의 입장에 서게 되고, 학습자의 역할 또한 자기 코칭의 입장, 자기 교육 디자이너의 입장, 그리고 교수자와 함께하는 교육 파트너의 입장뿐만 아니라 교육 정보 활용자의 입장에 서게 된다. 교수자의 역할 변화를 요약해 보면 다음과 같다.

• 티칭 중심에서 코칭 중심으로의 변화
• 정보 제공자 역할에서 정보 활용 촉매자 역할로의 변화

• 평가자 입장에서 공동평가자 입장으로의 변화
• 교육 중심 역할자에서 학습 촉매자 역할로의 변화
• 감독자 역할에서 팀 학습자 역할로의 변화

학습자의 역할 변화도 다음의 몇 가지로 정리할 수 있다.

• 피교육자 입장에서 학습 주도자 입장으로의 변화
• 정형적 교육과정(fixed curriculum)의 습득자 입장에서 커리큘럼 디자이너 입장으로의 변화
• 학습자 입장에서 자기재단형 학습자 입장으로의 변화
• 지식 습득자 입장에서 지식 응용자 입장으로의 변화
• 가치중립적 지식 습득 관점에서 가치개입적·창의적 지식 습득 관점으로의 변화
• 단순한 학습자 입장에서 토털 학습자 입장으로의 변화
• 평가 대상자 입장에서 협력 평가자 입장으로의 변화
• 학교 교육 학습자 입장에서 평생학습자 입장으로의 변화

교육과정의 변화

종래의 교육과정이 미래 인재를 양성하기 위한 교과 내용을 담아 왔다고 본다면, 4차 산업 사회의 교육과정은 장기적 안목에서의 교육과정의 특성을 벗어나 단기적이고 기초 교과과정 중심으

로 개편될 가능성이 매우 높다. 지금까지의 교육이 미래 인재를 준비하기 위한 교과 내용과 지식 습득 위주의 교과 내용으로 그 특징을 짓는다고 하면, 4차 산업 사회의 교육과정의 변화는 적시성교육과 융합 학습에 필요한 교과과정을 통해 첨단 산업에 즉시 활용될 수 있는 인재를 양성하는 내용을 담아야 한다. 이 점에서 교육과정의 변화는 과거와 현재 및 미래를 조합하려는 전통적 관점에서 벗어나 현재를 중심으로 미래를 준비하는 교과과정으로 바뀔 가능성이 매우 높다. 특히 교육과정의 변화는 인문사회와 이공계로 이분화되어 있었던 틀에서 벗어나 인문사회와 이공계를 융합하는 형태로 대변혁이 이루어질 것으로 보인다. 교육과정의 변화 특성을 정리해 보면 다음과 같다.

- 지식 습득 위주의 교과과정에서 창의적 사고 중심의 교과과정으로의 변화
- 준비교육을 위한 교과과정에서 적시성교육을 위한 교과과정으로의 변화
- 미래 중심 교과과정에서 현재 중심 교과과정으로의 변화
- 기초 중심 교과과정과 융복합 교과과정으로의 이원화된 변화
- 프로젝트 중심형 교과과정의 도입
- 신기술 융합형 교과과정의 도입

▨ 학습 평가 및 인증, 그리고 질 관리의 변화

학습 평가 및 인증, 그리고 질 관리의 경우에는 캠퍼스 중심 교육 시대와는 달리 자기주도적 학습 평가와 인증의 틀로 바뀔 것으로 예견되고, 특히 국제적 관점에서의 질 관리체제 또한 큰 변화를 가져다줄 것으로 보인다. 학습 평가의 경우에는 다분히 성취 중심 학습 평가가 될 가능성이 높고, 이 학습이 이루어지는 기관이나 개인에 대한 인증 여부는 국제기구나 국제적 관점에서의 판단 기준에 의해 인증 여부가 결정될 것으로 보인다. 또한 질 관리 변화는 다음의 몇 가지 관점에서 이루어질 것으로 예견되는데, 인증과 질 관리 검증, 그리고 성취 중심의 학습 평가 등의 조합에 의해 이루어질 것으로 보인다.

- 학습 평가는 과정 평가보다는 성취 중심 평가체제(outcome based assessment)로의 변화(OECD, 2004 참조)
- 첨단 산업 영역이나 기술 분야의 경우에는 성취 능력 중심 평가(competence based learning)로의 변화
- 학습자 중심체제에 맞는 질 관리체제의 도입 가능성(CHEA, 2006 참조)
- 학습자 중심 블록 평가제(learner centered block evaluation system) 도입 가능성
- 경험 중심 평가제 도입 가능성
- 최첨단 영역 전문성 평가제 도입 가능성

• 국가 평가 시스템과 국제 평가 시스템 간의 연계 평가 가능성

🖥 학습방법의 변화

4차 산업 사회에서의 가장 큰 변화 중 하나는 학습방법의 변화라 볼 수 있다. 학습방법의 변화는 지난 수년 동안 혁명적으로 이루어져 왔고, IT 기술의 대혁신에 따라 학습방법의 변화는 예견하는 것보다 훨씬 빠른 속도로 진화하고 있다. 이러한 학습방법의 변화를 주도하는 기술은 AR과 VR의 조합이고, AR과 물리적 환경과의 조합, VR과 물리적 환경과의 조합을 통해 혁신적으로 변화하고 있다. 학습방법의 변화는 가히 혁명적이라고 할 수 있는데, 몇 가지 주요 변화를 예로 들어 보면 다음과 같다.

- PBL(프로젝트 중심 학습)
- PBL(문제 중심 학습)
- Flipped Learning(거꾸로 학습)
- Self Paced Learning(자기 속도 학습)
- SBL(상황 중심 학습)
- Impact Learning(영향 학습)

학습방법의 변화는 초융합적 · 초네트워크적 방법을 활용하기 때문에 향후 커다란 변화를 예견할 수 있다.

🖥 교육제도의 변화

　교육제도는 현재와 같은 초·중·고등학교, 대학교로 구분되는 학교 단계별 제도와는 달리 초·중·고등학교, 대학교 모두 문호를 개방하여 학습자의 욕구와 능력에 따라 학습할 수 있도록 제공되는 틀로 바뀔 것이다. 이러한 틀의 변화는 학교 단계별 벽이 무너지는 교육체제를 의미하고, 학습자가 자신의 능력과 사회적 수요에 따라 학교 단계별 교육 내용을 선택할 수 있는 체제로 변화할 것으로 보인다. 이러한 예는 일부 혁신학교로 주목받고 있는 미국의 미네르바 스쿨, ALT 공대, 그리고 경험 중심 학습체제로 움직이는 학교 등에서 볼 수 있다. 교육제도의 변화를 통해 제도적 틀 속에서의 학교 교육 중심의 학습이 아니라 자기주도적 패키지 학습체제로 변화할 것이다. 따라서 교육제도의 변화는 한마디로 혁명적 변화라 볼 수 있다.

　쉽게 말해, 교육의 틀 자체가 직업 생태계의 변화에 걸맞게 바뀔 것으로 보인다. 시대가 요구하는 인재상이나 요구하는 기술 영역, 그리고 전문성의 개념, 학습의 개념 등이 바뀌기 때문에 이러한 변화에 걸맞은 체제와 체계로의 변화가 불가피하리라고 본다. 가장 중요한 변화는 학습은 있되 학교는 없는 사회체제가 될 것이라는 점이다. 학교는 단순히 학습자원센터나 학습자와의 연계 학습을 지원하는 학습 허브 역할로 바뀔 것이기 때문이다.

4차 산업혁명의 특성: '디지털-피지컬 통합' '반기계화-반인간화 통합' 'AR-VR의 통합' '사고와 현실의 통합'

- 4차 산업혁명의 특성
- 4차 산업혁명과 사회적 과제
- 4차 산업혁명의 윤리적 딜레마
- 에너지 확보와 관련된 쟁점: 에너지 그리드 등장
- 양극화의 심화
- 기존 시스템의 붕괴: 시스템 이노베이션과 데이터 중심 리더십
- 국가 안보 위협과 사생활 침해의 윤리적 쟁점: 사생활 없는 사회

제10장

4차 산업혁명의 특성: '디지털-피지컬 통합' '반기계화-반인간화 통합' 'AR-VR의 통합' '사고와 현실의 통합'

4차 산업혁명의 특성

4차 산업 사회가 화두로 등장한 건 2016년부터였다. 그러나 많은 학자는 겨우 2, 3년이 지난 오늘에서야 4차 산업이 본격화되는 과정에 있다고 주장하고 있다. 4차 산업혁명의 특징은 몇 가지로 요약할 수 있는데, 첫째, 디지털과 물리적 환경이라고 볼 수 있는 피지컬이 통합되었다는 것이고, 둘째, 인공지능의 급격한 진화에 의해 인간이 반기계화되고 인공지능형 로봇 등이 반인간화되는 통합적 특성을 지닌다는 것이다. 셋째, AR과 VR이 통합되어 가공할 만한 가능성을 촉발한다는 것이다. 이러한 특성들을 감안해 볼 때 4차 산업혁명의 특성 넷째는 볼 수 있는 것은 인간이 상상하고 사고하는 것은 무엇이든 간에 현실이 된다는 것이다. 이러한 점에서 사고와 현실의 통합이라고 볼 수 있다.

1) 4차 산업혁명과 3차 산업혁명의 차이

4차 산업혁명이 3차 산업혁명과 다른 점으로는, 첫째, 디지털이 더이상 독립된 존재가 아니라 인간의 일상에 통합되는 존재로 바뀌었다는 점이다. 눈에 보이진 않지만, 생활 방식을 근본적으로 바꾸고 디지털 영역과 물리적(physical) 영역이 통합되어 새로운 시스템을 창출해 나간다는 것이다.

둘째, 3차 산업혁명을 효율성과 효과성을 강조하는 지식정보화 혁명이라고 본다면, 4차 산업혁명은 인간의 무한한 상상력과 창의적인 사고를 충족해 주는 가상의 현실화, 현실의 가상화적 특성을 갖는다는 것이다.

셋째, 3차 산업혁명을 지식 네트워크 혁명이라고 본다면, 4차 산업혁명은 지식 융합 혁명이라고 볼 수 있다.

이러한 점에서 3차 산업혁명과 4차 산업혁명 간에는 큰 차이가 있다. 3차 산업혁명과 4차 산업혁명의 차이를 정리하면 다음과 같다.

- 디지털과 물리적 영역의 통합
- 효율성과 효과성에서 가상의 현실화와 현실의 가상화의 특성으로 변화
- 지식 네트워크 혁명에서 지식 융합 혁명으로의 변화
- 지식 혁명에서 지혜 혁명으로의 변화
- 공간 혁명에서 시공간 혁명으로의 변화

2) 물리적 공간의 대변화: 탈물리공간 시대(dephysical age)

4차 산업혁명은 물리적 공간을 변화시키는 것이 그 특징이다. 기존의 물리적 공간이나 환경이 디지털 융합 기술에 의해서 새로운 공간 시스템으로 거듭나는 변화를 겪는다. 이를 통해 인간 내외의 환경 변화는 물론이거니와 삶 속의 모든 시설과 환경이 변화를 겪게 된다.

3) 인간 삶의 변화: 네트워크 스토어와 허브 스토어 시대

인간 삶의 변화의 특징은 인간의 반기계화와 AI의 반인간화, 즉 삶의 변화로 바뀔 것이다. 인간 삶 자체의 변화는 인간에게 적합한 환경과 느낌, 의식, 그리고 욕구를 충족하는 변화가 이루어질 것이지만, 인간의 정체성을 상실하는 삶의 변화가 두드러진 특징이 될 것이다. 특히 4차 산업혁명은 시공을 초월하고 인간 서비스 확대가 그 특성이 될 가능성이 높은데, 이러한 변화들의 예는 소비자의 측면, 공급자의 측면, 학습자의 측면, 그리고 문화 예술의 공유자로서의 측면 등에서 두드러진 현상으로 나타날 것이다. 소비자의 경우 '보다 편리한 맞춤형 서비스'는 그에 맞춰 발 빠르게 움직여야 하는 업계의 지각 변동을 의미하는데, 향후 쇼핑을 하러 가는 소비자보다는 집에서 배달받는 소비자가 주가 될 것이고, 대량 생산에 의존한 구매가 아니라 개인의 특성과 욕구에 부합하는 주문형 구매가 일반화될 것이다. 한 통계에 의하면, 1억

5천 명의 인구가 있는 나라의 경우에 44%만이 실제 매장에서 구매를 하고, 56%는 주문 생산에 의한 홈서비스를 이용한다는 결과가 나왔는데, 이를 통해서도 향후 변화를 쉽게 예측할 수 있다. 특히 폐쇄 조치 이후 남은 오프라인 매장은 대부분 '플래그십 스토어(flagship store)' 형태로 바뀔 전망이고, 기업들은 여기에 최신 IT 기술을 접목하여 새로운 고객 유치에 앞다투어 나서고 있는 실정이다. 4차 산업의 마케팅 전략으로 활용되고 있는 기법들의 예를 들면 다음과 같다.

- 세련된 디지털 사이니지
- 후방 카메라와 디지털 미러로 고객이 옷 입은 자신의 뒷모습을 볼 수 있게 해 주는 시스템을 갖춘 매장
- AR과 VR 기법을 활용하여 자신의 집에 특정 가구나 커튼, 카펫 등 인테리어 아이템이 잘 어울리는지 미리 살펴볼 수 있게 해 주는 서비스를 통해 AR과 VR의 등장이 보편화될 전망임

이러한 추세에 따라 IoT 기술과 결합한 '네트워크 스토어(network store)' '허브 스토어(hub store)' '커넥티드 스토어(connected store)'로 변모하는 매장이 늘고 있는 것도 주목해야 할 부분이다. 이뿐만 아니라 IoT 활용 분야도 인간의 삶 전반에 걸쳐 확장될 것으로 보이는데, IoT는 가상과 물리적 공간을 연계하는 연계체계로서 문(door)이나 자동차, 조명 등 거의 모든 대상의 '사물'에 적용이 가능하기 때문에 인간의 활동 세계에서 폭넓게 적용할 수 있다.

예를 들어, 여행할 때 VR 고글을 쓰고 편안한 라운지 체어에 누워 눈앞에 펼쳐지는 휴양지의 풍광을 감상할 수 있는데, 이는 빅데이터가 고객이 편리한 시간대에 맞춰 모든 일정과 정보를 자동으로 정리하여 고객의 스마트폰으로 전송해 줌으로써 가능하다. 이뿐만 아니라 헬스케어 영역에서도 21세기 소비자는 건강이 '질병 치료'에 그치지 않는다는 사실을 잘 인식하고 있다. 자신의 바이오리듬을 점검한 후 직장이나 집에서의 작업 시간과 환경, 여가 활용법 등의 생활 습관과 통합도 가능해진다. 일상생활의 경우에도 알람 없이 적정 시간에 일어나게 해 주고, 적절한 운동을 유도하며, 운동 도중 좋아하는 음악을 제때에 맞춰 재생하는가 하면 영양 정보를 감안한 아침 식사까지 배달하는 서비스가 일상화될 가능성이 높다. 이러한 변화는 IoT 기술과 AI, 그리고 빅데이터 등이 통합된 기술에 의해서 이루어진다.

📻 4차 산업혁명과 사회적 과제

1) 실업 문제: 비정규직 유목민 시대

4차 산업혁명으로 인한 가장 큰 변화와 충격은 주요 산업군의 변화와 이로 인한 직업군의 변화, 그리고 그 결과로 인해 빚어지는 실업 문제가 될 것이다. 한국직업능력개발원과 세계경제포럼을 비롯한 전문가들의 분석에 따르면, 우리나라에서만 770만 개의 일자리가 사라지고, 220만 개의 새로운 일자리가 만들어져 전체적으로는 550만 개의 일자리가 사라지며, 이 수만큼의 실업자가 발생할 것이라고 예견하고 있다.

4차 산업혁명을 긍정적으로 보면, 기술의 발달에 따라 보다 적은 시간을 일하고 보다 편리한 작업 환경에서 노동을 할 수 있다고 예견할 수 있지만, 자동화된 기계가 인간이 해 오던 많은 일을 대신 함으로써 인간의 일자리가 급속도로 줄어들어 실업 문제가 극심해진다는 비관적 전망이 더 우세한 실정이다. 이러한 사회 변화를 전망한다면 노동 시간의 문제, 임금의 문제, 기본적 생활에 필요한 삶의 질 문제, 그리고 직업 생태계의 변화에 따른 자질 함양의 문제 등 다양한 쟁점이 대두할 수밖에 없는데, 가장 중요한 이슈 중 하나는 기본 임금과 관련된 쟁점이라 볼 수 있다. 즉, 노동 시간이 감소하고 실업률이 높아지면 일정 수익을 국가나 사회에서 보존해 줌으로써 삶을 유지하는 정책을 수립하고 추진해야 한다는 의미이다. 그러나 이러한 쟁점은 노동 능력이나 전문성, 그리고 직업 분야에 따라 많은 쟁점을 수반하기 때문에 결코 쉬운 일이 아니다. 다행히 4차 산업이 성숙하게 되면 미래학자들의 예견처럼 먹고 입고 자고 이동하고 공부하는 것은 무료가 될 가능성이 높기 때문에 다소 위안이 될 뿐이다.

고용 형태 역시 달라질 전망이다. 물류, 제조, 마케팅 등 기업의 기능이 디지털 플랫폼을 통해 산업 간 경계 없이 적용되면서 고용도 산업 전문성보다 기능 전문성 중심으로 전환될 가능성이 높다. 특히 고용 형태는 '평생직장'의 개념에서 '고용 가능성'의 개

넘으로 바뀌어 가고, '정규직' 개념에서 '비정규직' 개념으로 바뀌어 갈 것이다. 따라서 이러한 시간제나 단기 고용 형태가 증가하면서 다양한 비정규직을 여러 개 갖는 고용 형태가 활성화될 것이며, 이러한 과정에서 단기 계약이나 프로젝트 기반으로 지식노동을 제공하는 형태로 바뀔 것이다. 이러한 고용 형태의 대변화는 전환되는 속도가 매우 빨라질 것으로 예측되고, 한 사람이 다양한 일자리를 동시에 수행해야 하는 계약형 일자리 형태로 변화할 가능성이 높다. 이러한 측면으로 볼 때, 4차 산업의 새로운 영역에서 새로운 기업을 창업하는 사람들이 많아지는 반면, 그렇지못한 사람들의 경우에는 '비정규직 유목민(part time nomad)'이 될가능성이 높다. 따라서 정규직이라는 개념이 모호해지고, 대부분의 일자리가 계약직 형태로 변화할 가능성이 높으며, 1인 자영업자나 전문직 프리랜서들이 크게 늘어날 것이라는 전망이다.

2) '공감형 기술직'의 생존 시대

『뉴욕타임스』의 칼럼니스트 토머스 프리드먼(Thomas L. Friedman)은 "기술은 수많은 일자리를 앗아갈 것이다. 그리고 이제껏 존재하지 않았던 수많은 일자리를 새롭게 만들어 낼 것이다. 우리는 새로운 일자리를 얻기 위해 끊임없이 공부하며 '로봇이 할 수 없는' 일을 해내야 한다."고 말했다. 프리드먼은 이런 일을 '공감형 기술직(STEM empathy job)'이라고 말하고 있다(장경덕 역, 2017). 4차 산업 사회에서는 비록 AI가 인간의 직업을 대신 할 것이지만

AI와 차별되는 일부 영역에서는 인간만이 수행할 수 있는 직업군이 있을 수 있다. 프리드먼의 이러한 주장은 AI와는 차별화된 영역인 공감형 기술직에 대한 설명이라고 할 수 있다.

예를 들어, 공감형 기술직이 수행할 수 있는 영역을 설명하기 위해서는 공감 영역과 단순한 기술 영역과의 차이를 인식해야 한다. 과학 기술과 공학수학의 기술에다가 인간의 고유한 영역이라 볼 수 있는 감성과 공감 능력(sympathy and empathy)의 영역을 수행하는 직업군을 공감형 기술직이라 볼 수 있다. 의료 부문의 경우, 의사는 인공지능을 조작해 정확한 암 진단 결과를 얻고(STEM) 환자에게 그 결과를 알려 주면서 따뜻하게 손을 잡아 주는(공감) 역할을 하게 될 것이고, 축산업자는 젖소의 건강을 관리하는 자동화 시스템을 다루면서(STEM) 소들과 눈을 마주치며 다정하게 보살피는(공감) 일을 하게 될 것이다. 이러한 부분은 인간과 AI와의 차별화를 의미하는 영역이라 볼 수 있다. 역으로 수많은 일자리가 사라지더라도 사람의 따뜻한 손과 마음을 필요로 하는 감성 영역이나 공감형 영역은 큰 산업으로 자리 잡을 가능성이 높다. 기계적인 일은 모두 로봇이 담당하고, 인간은 마음과 마음을 연결하는 일을 하게 된다는 의미이다. 그러나 감성형 로봇이 등장할 경우 이러한 틀 또한 변화가 불가피하리라 예견된다(이현청, 2018a).

3) 자율주행 자동차와 드론 산업: 개인 드론 시대의 도래

4차 산업혁명의 중요한 산업 영역 중 하나는 인간의 이동과 사물의 이동, 그리고 운송수단이라고 볼 수 있다. 그 대표적인 산업 분야가 무인자동차와 드론이다. 어쩌면 가까운 장래에는 1인 드론 시대, 무인자동차 시대가 확산될 가능성이 매우 높다. 이러한 자율주행 자동차와 드론 산업은 이미 실용 단계에서 확산되고 있고, 기존의 가스 중심의 자동차는 큰 변화를 겪게 될 것이다. 또한 기존의 운송체계 역시 대변화가 불가피할 것이고, 이러한 변화는 운송체계 전체의 대혁명을 예고하고 있다. 여기에 3D 프린팅 기술이 접목되면 가공할 만한 변화가 불가피하리라고 생각된다. 인공지능과 빅데이터의 활용, 정보통신 융합 등을 중심으로 입법이 추진되고 있지만 기술 변화의 속도를 따라가지 못해 그 효율성 자체는 한계가 있을 수밖에 없다. 이러한 점에서 인공지능과 관련된 기계 산업은 자율주행 자동차, 드론 등으로 눈에 띄게 발전하고 있지만, 입법은 이에 적절하게 대응하지 못하고 있다는 비판을 받고 있다.

정부도 2020년까지 3단계 자율주행 자동차 상용화를 추진하고 있다. 3단계 자율주행이란 고속도로 등 정해진 구간에서만 자율주행을 허용하고, 갑작스러운 돌발 상황에서는 자율주행 대신 운전자가 직접 개입하는 것이다. 국회입법조사처 등은 정부의 목표를 달성하려면 우선 자율주행 자동차에 대한 규제를 적극적으로 완화하고 관련 제도를 대대적으로 개선해야 한다고 판단하고 있다. 이러한 기반 위에서 법적 토대를 마련하고 자율주행 자동차의 기술 발전에 대비하고 있다.

우리나라의 경우, 자율주행 자동차 임시허가를 받은 곳은 총 8개

기관 중에서 총 17대에 불과하며, 시험운행구간도 매우 제한적인 실정이다. 특히 2020년 자율주행 자동차가 3단계로 진입하기 전에「도로교통법」을 보완할 필요가 있다.

　드론 역시 4차 산업혁명의 핵심 분야 가운데 하나이다. 정부는 이미 드론 산업 규제를 완화하고 법적 보완을 거쳐 신성장 동력으로 육성하겠다는 계획을 내놓은 바 있다. 그러나 드론 산업을 활성화하려면 국회에서「항공사업법」을 개정해야 한다. 또한 드론 산업 활성화에 필요한 드론 인재 육성과 기술 개발 장려 등은 아직 미흡한 실정이다. 국회가 드론 운전의 안전성을 보장할 수 있는 운전면허, 안전운행 규정 등을 제도화하는 법적 준비를 서둘러야 법이 드론 산업 활성화에 걸림돌이 되는 불상사를 막을 수 있다.

📖 4차 산업혁명의 윤리적 딜레마

　4차 산업 사회에서 예외적이고 우려할 만한 한 예로는 정상적이지 않은 로봇의 등장을 들 수 있다. 이러한 로봇은 일명 '사이코패스' 로봇이라 지칭되는데, 사이코패스 로봇이 많아질 경우, 사회는 큰 혼란에 빠질 가능성이 있다. 근래에 MIT 연구원들이 세계 최초로 사이코패스 로봇을 개발했다고 '유로뉴스'가 보도했다. 노먼(Norman)이라고 불리는 이 로봇은 소름 끼치고 폭력적인 내용에 노출되어 어두운 성향을 갖도록 학습된 로봇인데, 일반인들에게는 로봇에 대한 우려를 자아내기에 충분한 예라고 볼 수 있다.

4차 산업이 전반적으로 지니고 있는 윤리적 쟁점은 이러한 로봇뿐만 아니라 AI를 활용한 생활 전반에 걸친 유해적 요소라 볼 수 있다. 이 보도에 의하면, 로르샤흐(Rorschach) 검사는 심리학자들이 환자의 사고 장애를 감지하는 데 자주 사용되는 테스트인데, 로르샤흐 검사에 노먼이 설명을 생성한 내용을 보면 하나같이 섬뜩하고 소름 끼친다. 노먼의 반응은 일반적인 학습 훈련을 받은 인공지능 로봇과 매우 비교된다.

MIT 미디어연구소는 관련 홍보 자료에서 "노먼은 머신러닝 알고리즘을 가르치는 데 사용된 데이터가 그 행동에 큰 영향을 미칠수 있다는 사실에 영감을 받고 있다."며 "즉, 사람들이 AI 알고리즘이 편향되고 불공정할 수 있다고 말하면 그 주범은 알고리즘 자체가 아니라 편향된 데이터인 것"이라고 지적했다. 이 결과를 통해 같은 이미지에서 매우 다른 것을 볼 수도 있음을 시사했다. 심지어 잘못된 데이터로 훈련하면 사이코패스처럼 이상 심리적인 내용으로도 해석한다는 얘기이다. 또한 "인공지능은 역사적으로 인간의 뇌가 필요로 하는 작업을 수행하도록 훈련된 컴퓨터와 기계를 본다."며 "옹호자들은 인공지능 로봇이 질병을 근절하는 데 사용될 수 있다고 주장하지만 로봇은 살인 등의 치명적인 결과를 낳도록 프로그래밍 될 수도 있는 것"이라고 경고했다(로봇신문, 2018. 6. 19. 인용).

🖥 에너지 확보와 관련된 쟁점: 에너지 그리드 등장

4차 산업 사회에서는 새로운 기술 융합에 따라 신산업이 등장하고, 이 신산업 분야에 필요한 에너지원의 확보가 중요한 쟁점으로 대두했다. 에너지 확보 없이는 최첨단 융합 기술을 실용화할 수 없고, 실용화한다 해도 한계에 부딪히게 되기 때문이다. 예를 들어, 전기자동차, 무인자동차, 고성능 로봇의 경우 에너지 확보는 물량이 증가할수록 빠른 속도로 증가한다. 이뿐만 아니라 AI와 접목된 거의 모든 영역에서 많은 에너지를 필요로 한다. 물론 기존의 전기나 배터리의 에너지원뿐만 아니라 태양광, 풍력을 활용한 대체 에너지 등 많은 대안이 제시되고 있지만 여전히 4차 산업 사회에서 중요한 쟁점으로 남아 있는 것이 에너지 확보의 문제이다. 이러한 에너지 확보와 관련해서 에너지 효율성을 높이기 위한 여러 가지 학문적 접근이 이루어지고 있는데, 그 한 예가 에너지그리드학과의 등장이다. 이는 기존의 에너지원을 최상의 에너지원으로 관리 · 유지하고 효율성을 제공하는 기법을 다루는 영역이다.

4차 산업의 중요한 산업 영역이라 볼 수 있는 사물인터넷, 인공지능, 3D 프린팅을 유지하기 위해서는 엄청난 양의 에너지가 필요하다. 한동안 많은 관심을 끌었던 알파고의 경우도 10만 개가 넘는 바둑기보를 학습하였고, 1,202개의 CPU, 176개의 GPU를 사용하여 1메가와트의 에너지를 소비했다고 한다. 이러한 에너지 소비는 상대 대국자인 이세돌이 소비한 20와트와 비교했을 때 5

만 배에 해당하는 에너지라 볼 수 있다. 에너지 경제학에는 에너지 투자와 관련된 효율성 지표(Energy Return on Investment: EROI)가 있다. 단위에너지 생산에 투입해야 하는 에너지와의 비곳값을 나타내는 이 지표는 기존의 화석 연료 시스템으로는 감당하기 어려운 에너지가 요구된다고 한다. 4차 산업 사회가 더욱 진전되는 2030년에는 500억 개의 사물이 연결될 것이며, 2040년에는 전 세계에서 판매되는 자동차 중 35%가 전기차가 될 것이라고 예견하고 있다. 이러한 예측을 감안해 볼 때 에너지 생산 방식의 획기적인 발전과 대책이 절실한 실정이라 볼 수 있다.

앞서 언급한 것처럼 물론 에너지원의 확보도 중요한 쟁점이기는 하지만 많은 에너지를 사용함으로써 부수적으로 나타나는 지구 온난화 등 환경의 문제나 에너지 과다 사용에 따른 부작용에 대한 쟁점도 간과할 수 없는 중요한 인류의 과제라 볼 수 있다.

🖥 양극화의 심화

4차 산업 사회에서 가장 중요한 과제 중 하나는 4차 산업 사회에서 발생하는 빈부 격차의 심화와 국가, 지역, 영역 간의 부익부 빈익빈 현상의 심화를 해결하는 것인데, 이러한 문제는 심대한 사회적 과제로 등장할 가능성이 높다. 기술 격차 확대에 따른 계층, 국가, 지역 간의 불균형은 결국 양극화를 심화시키며, 이러한 양극화는 변화될 수 있는 틀이 아니라 장기간에 걸쳐 더욱 심화되고 고착

될 가능성이 높다. 미국 매사추세츠 공과대학교 경영학과 교수인
에릭 브리뇰프슨(Eric Brynjolfsson)은 2011년에 펴낸 그의 저서 『기
계와의 경쟁(Race Against the Machine)』에서 "기계가 단순 노동자의
일을 대신하기 때문에 대부분의 나라에서 빈부 격차가 발생한다."
라고 주장하고, 기술 발전에 따라 인간이 기계와의 싸움에서 패배
한 것이 경제적 불평등을 심화하는 핵심요인이라고 지적하고 있다
(매일경제, 2016. 7. 22.).

양극화의 문제는 신기술의 발전에서 그 근본요인을 찾아볼 수
있는데, AI와 빅데이터 등 신기술이 기존 산업을 대체하면서 중산
층의 일자리를 대신하기 때문이다. 이때 신기술에 적응하지 못하
는 그룹은 직업의 기회도 갖지 못하게 되고 주류 그룹으로 남을
수 없는 반면, 빅데이터와 인공지능 등 신기술의 전문성을 가진
그룹들의 고용 기회는 더 창출될 수 있다. 이러한 기술 격차에 따
른 빈부 격차는 직업 격차를 발생시키고, 나아가 수입 격차를 야
기하여 양극화를 심화시키는 악순환을 거듭하게 된다. 이러한 기
술의 확산 현상은 한 국가에 머물지 않으며, 지역을 초월하고 국
적을 초월함으로써 전 세계적 현상으로 확산될 가능성이 매우
높다.

이러한 점에서 새로운 교육과 신기술 능력 개발을 위한 4차 산
업형 교육이 이루어지지 않을 경우, 양극화의 심화에서 벗어날 수
없을 것으로 전망된다. 특히 새로운 기술은 새로운 교육과 직업
능력을 필요로 하는데, 부의 세습과 더불어 혁신 성과 또한 일부
계층이 독점하여 양극화를 심화시킬 가능성이 높다. 이러한 빈부

격차는 개인의 차원을 초월하여 지역적 격차, 산업 영역별 격차, 국가별 격차 등으로 연결고리를 갖게 되고, 국가 간의 양극화 심화, 영역 간의 양극화 심화, 지역 간의 양극화 심화, 그리고 개인 간의 양극화 심화 등 양극화의 연쇄 도미노 현상을 야기할 것으로 보인다.

기존 시스템의 붕괴: 시스템 이노베이션과 데이터 중심 리더십

4차 산업 사회의 특징인 초연결, 초융합, 초스피드 등은 기존의 사회 시스템과 산업 시스템은 물론 인간의 생태계 전망과 직업 생태계의 대변화를 예고하고 있다. 기술이 다양하게 조합되면 될수록, 영역 간의 연결이 원활하면 원활할수록, 그리고 의사결정과 생산 시스템의 속도가 빠르면 빠를수록 기존 시스템의 붕괴와 변화는 불가피한 현상이 될 것이다. 특히 산업구조의 대변혁은 가치와 문화 및 사회체제, 교육 등 사회의 기존 시스템 전반에 대변화를 가져다줄 것이고, 이러한 과정에서 적응의 문제와 합리적인 방안 모색이 매우 중요한 과제로 등장할 것이다. 물론 직업 생태계 변화에 따른 직업에서 요구하는 태도나 가치, 기술, 그리고 새로운 학습을 위한 인프라 문화와 계층 이동 등 사회적 이동의 모든 영역에서 제도적 혁신과 새로운 시스템 도입에 따른 충격을 최소화하는 과제가 매우 중요하다고 볼 수 있다.

기존 시스템의 붕괴는 이와 관련된 사회적 비용을 증가시키고 적응하지 못한 사람들에 대한 구제 대책 및 재교육 등과 관련한 여러 가지 과제를 야기한다. 이러한 점에서 기존 시스템 붕괴와 관련된 중장기적 대책이 필요한데, 이러한 대책 중 하나로 시스템 이노베이션(system innovation)의 도입이 필요하며, AI형 시스템과 빅데이터 중심 의사결정 및 데이터 중심 리더십(data based leadership)이 요구된다고 볼 수 있다.

▨ 국가 안보 위협과 사생활 침해의 윤리적 쟁점: 사생활 없는 사회

4차 산업 사회의 중단 없는 진화와 가속화되는 기술 발전은 우리 인류에게 엄청난 변화를 가져다주고 있다. 이러한 변화 과정에서 가장 우려되는 부분으로는 국가 안보에 대한 위협과 사생활 침해, 그리고 바람직하지 못한 기술 융합에 의한 윤리적 쟁점을 들 수 있다.

새로운 기술과 산업은 인류에게 편리함을 가져다주지만 반대로 동시에 인류에게 커다란 불편함을 초래할 수 있다는 것을 잊어서는 안 된다. 윤리가 없는 기술이나 윤리감각이 없는 기술 융합은 인류에게 아픔과 고통을 줄 수도 있고, 심지어 원치 않는 전쟁으로 사생활 모두를 빼앗는 결과를 초래할 수도 있기 때문이다. AI형 로봇 군대에 의한 전쟁, AI 세계대전, 개인의 속마음까지 읽을 수 있는 빅데이터 중심의 인간관계, 그리고 사이코패스와 같은 로봇의 등장 등 국가 안보 위협, 사생활 침해나 비윤리적인 기술 적용 등에 따른 문제는 4차 산업의 가장 어두운 측면이기도 하다. 특히 경쟁적으로 매진하고 있는 첨단 기술의 발전은 언제, 어디에서, 어떤 모습의 윤리적 문제를 야기하게 될지 알 수 없는 일이다.

현재 4차 산업 사회의 발전을 이루지 않은 상태에서도 소위 SNS에서 비롯된 사생활 침해 문제가 많이 발생하는 것을 볼 수 있듯이, 전 인류의 모든 사생활이 노출되고 악용될 수 있는 소지도 얼마든지 있다. 이러한 점에서 4차 산업 사회에 대한 우려는 국가 안보 위협 및 사생활 침해 등과 같은 윤리적 문제에 귀착될 수밖에 없고, 분명한 흐름 중 하나는 4차 산업 사회의 기술이 성숙했을 때 윤리적 뒷받침이 없는 한 '사생활 없는 사회(privacy less society)'의 도래가 불가피하다는 것이다(이현청, 2018a).

4차 산업 사회와 대학의 위기요인

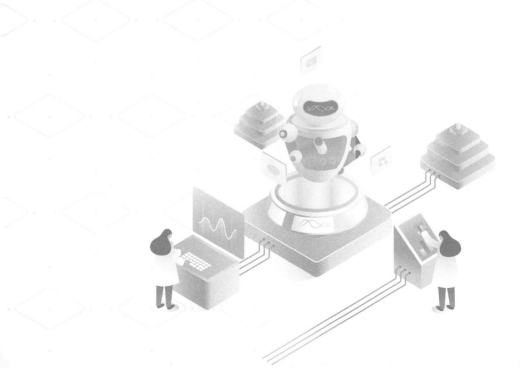

4차 산업 사회와 대학의 위기요인

🖥 사라지는 일자리와 관련된 위기

4차 산업으로 인해 생겨나는 정보 · 통신 · 공학 · 과학 기술 전문가들의 수요 못지않게 제조업, 서비스 등의 분야에서 사라지는 일자리 또한 이에 거의 맞먹는 수치이다. 따라서 양질의 새로운 일자리 시장에 대한 모색이 필요하다.

물류업에서도 사라지는 일자리와 관련하여 큰 우려가 나오고 있다. 이미 아마존과 영국의 신개념 슈퍼마켓에서 사용되고 있는 물류센터 인공지능 로봇의 사례, 그리고 자율주행 자동차 또한 일자리와 관련하여 위협요소로 꼽히고 있다.

2018년 3월, 국회에서 열린 '4차 산업혁명 시대의 일자리 창출과 인재 양성 토론회'에서는 "일자리의 소멸이 아닌 이동, 기존의 일자리를 지키기 위해서라도 인력의 재교육과 인공지능 등 신산업에 대한 과감한 투자가 있어야 한다."는 의견이 제시되었다.

또한 한국고용정보원은 '4차 산업혁명 미래 일자리 전망' 보고서를 통해 위기 직업으로 콜센터 요원, 생산 및 제조 관련 단순종사원, 의료진단전문가, 금융사무원, 창고작업원, 그리고 계산원의 6개 직종을 선정했다(김동규, 김중진, 김한준, 최영순, 최재현, 2017).

〈표 11-1〉 직업 대분류별 취업자 수 전망 　　　　　　　(단위: 천 명, %)

직업명	취업자			취업자 증감		
	2016년	기준 전망	혁신 전망	기준 전망	혁신 전망	혁신·기준
전체	26,235	28,098	28,217	1,863	1,982	119
관리자	331	321	332	−10	2	12
전문가 및 관련 종사자	5,323	6,167	6,754	844	1,431	587
사무 종사자	4,519	4,904	4,979	384	460	76
서비스 종사자	2,815	3,160	3,194	345	378	33
판매 종사자	3,088	3,205	2,971	117	−117	**−234**
농림·어업 숙련 종사자	1,199	951	957	−249	−243	6
기능원 및 관련 기능 종사자	2,365	2,397	2,458	33	94	61
장치, 기계 조작 및 조립 종사자	3,158	3,340	3,151	182	−7	**−189**
단순노무 종사자	3,437	3,653	3,421	217	−16	**−233**

출처: 고용노동부(2018). 자료 참조 재구성.

🖥 지역 불균형과 관련된 위기

지역적으로 제조업 종사 비율이 높은 동남권, 충청권 등이 우리나라에서 일자리 감소가 가장 빠른 곳으로 꼽히고 있다. 대전광역시는 대덕특구가 있어 4차 산업혁명의 최적지로 꼽히지만 최근 수도권의 규제가 풀리면서 위기를 맞고 있다. 정부에 따르면, 드론의 안정성 인증센터와 자격 시험장 등이 모두 수도권에 조성될 예정이며, 4차 산업 법안에서 수도권 규제 조항이 빠진다고 한다. 이로 인해 대전광역시는 대덕특구와 과학벨트 등 국내 최고의 과학 기술이 밀집되어 거점 지역이 될 것으로 보았던 지방 특구들의 계획에 차질이 생겼다고 말한다. 그러므로 4차 산업 발달로 인하여 큰 직격탄을 맞는 지역 또는 지나치게 이익이 집중되는 지역 등이 발생하지 않도록 4차 산업 발전 계획에 신중을 기해야 할 것이다.

🖥 대학 등 교육기관의 쇠퇴

원래부터 저출산, 인구 감소 등의 문제로 학령인구가 감소해 정원 감축을 권고받고 있던 대학이 이제는 4차 산업혁명으로 인해 굳이 대학에 진학하지 않더라도 최신 정보와 전문 지식의 습득이 가능한 시대가 되면서 더욱 위기를 맞고 있다. 특히 온라인 교육 시스템인 에듀테크, 이러닝 기술 등의 발전으로 인해 시공간에 구애받지 않고 다양한 과목을 공부할 수 있게 되면서 대학의 설자리는 더욱 위협받고 있는 실정이다. 더이상 물리적 대학 공간은 큰 의미가 없으며, 대학의 역할과 기능이 지금에 비해 확연히 줄어들 것으로 내다보는 시각이 많다.

매일경제에 따르면, 대학 측은 대학 경쟁력 약화의 원인을 등록 금 및 학령인구 감소 등과 더불어 4차 산업혁명을 위한 혁신에 대 한 각종 규제로 파악하고 있다(매일경제, 2018. 3. 22.). 미국, 유럽, 싱가포르, 중국 등을 비롯하여 전 세계적으로 4차 산업혁명에 대 한 발 빠른 대처와 천문학적 투자가 도입되는 데 반해 우리나라 대학들의 경쟁력은 약한 실정이다. 따라서 대학의 위기가 내부가 아닌 외부에 있다는 지적도 있다.

대학의 '선생님'인 교수직의 위기 또한 궤를 같이한다. 4차 산업 혁명으로 인해 인공지능이 교수 역할을 대체할 것이라고 보는 시 각도 있다. 교수신문이 조사한 전국 교수 대상 설문에 따르면, 교

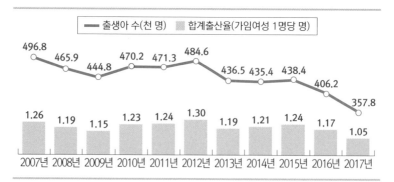

그림 11-1 ✤ 출생아 수 및 합계 출산율 추이

*2007년은 이번에 시계열 보정이 이뤄짐.
출처: 통계청(2017).

수들 스스로가 직업에 대해 비관적이라고 전망한 비율이 36%였는데, 이러한 이유에는 교수의 대체 역할인 인공지능이 포함된다(이데일리, 2018. 4. 17.).

🖥 저출산, 고령화 심화

저출산, 고령화는 대학 위기의 근본요인이라고 볼 수 있다. 2017년의 경우, 출생아 수가 35만7천7백 명으로 전년대비 11.9%가 감소하였으며, 합계 출산율은 1.05명으로 기록되었다. 이러한 추세로 볼 때 2019년에는 출생아 수가 더욱 감소할 것이고, 향후 지속적인 감소가 예상되어 저출산, 고령화의 심화로 인한 대학의 위기도 심화될 것으로 예측되고 있다.

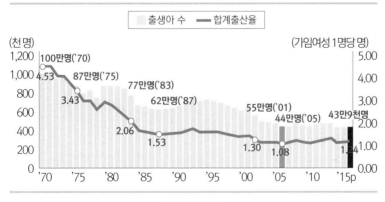

그림 11-2 ❖

출처: 통계청(2017).

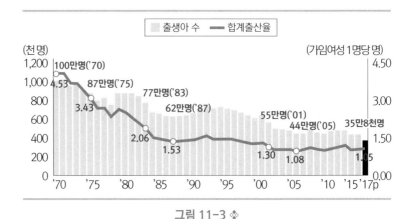

그림 11-3 ❖

출처: 통계청(2017).

이러한 저출산, 고령화 현상은 1970년 이래 최고의 수치로 기록
되고 있다. 다음의 몇 가지 도표에서 제시된 바와 같이 저출산, 고
령화 문제는 단순한 인구의 문제 차원을 떠나 사회 전체의 인프라
와 학교체제 전체에 대한 위기요인으로 부각되고 있다.

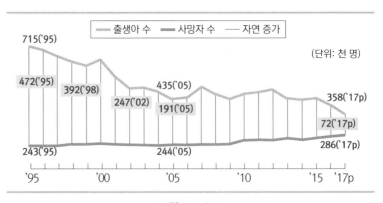

그림 11-4 ❖

출처: 통계청(2017).

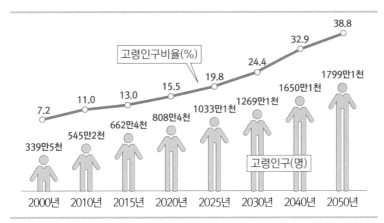

그림 11-5 ❖ 우리나라의 인구 고령화 추이 및 전망

출처: 통계청(2017).

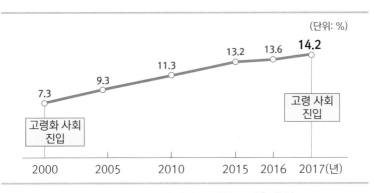

그림 11-6 ❖ 65세 이상 고령인구 비율 추이

*출산 순위 미상 포함.
출처: 통계청(2017).

1) 1인 가구

• 2016년 고령자 1인 가구는 전체 고령자 가구 중 33.5%를 차지함

• 고령자 1인 가구 비중은 65~69세는 감소하고, 80세 이상은 증가할 전망임

2) 인구

• 2017년 우리나라의 65세 이상 고령자는 전체 인구의 13.8%를 차지함

• 2017년에는 65세 이상 고령자 1명을 생산가능인구 5.3명이 부양함

3) 복지

• 2016년 국민기초생활보장을 받는 65세 이상 고령자는 42만 1천 명으로 전체 수급자의 27.3%를 차지함

• 2017년 우리나라의 전체 인구는 5,144만6천 명으로, 이 중 65세 이상은 13.8%인 707만6천 명이며, 2060년에는 41.0%까지 늘어날 전망임

• 연령별로 살펴보면, 65~69세와 70~79세는 비중이 감소하는 반면, 80세 이상의 비중은 지속적으로 증가할 전망임

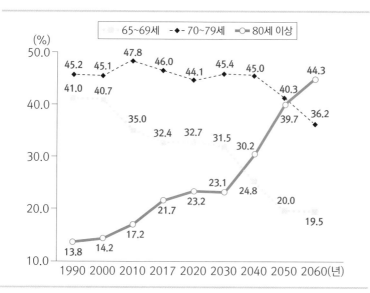

그림 11-7 ❖ 고령자의 연령대별 구성비

출처: 통계청(2018).

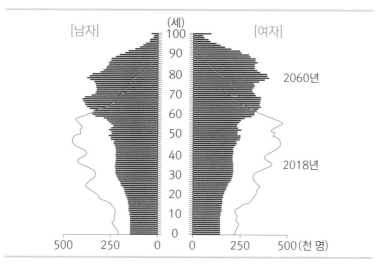

그림 11-8 ❖ 인구 피라미드

출처: 통계청(2018).

그림 11-9 ❖ 노년부양비 및 노령화지수

출처: 통계청(2018).

- 2017년의 인구 피라미드는 30~50대가 두터운 항아리 형태이며, 2060년에는 고령화로 인하여 60대 이상이 두터운 항아리 형태로 변화할 것으로 전망됨
- 2017년의 노령화지수는 104.8이며, 이는 지속적으로 증가하여 2060년에는 현재의 4배 수준인 434.6으로 증가할 전망임
- 65세 이상 고령자의 남자 고용률은 41.1%, 여자 고용률은 23.2%이며, 최근 남녀 간 고용률 차이는 감소함
- 60~64세 고용률은 2013년 이후 계속 20대 고용률보다 높음

🖥 대학의 6대 위기요인

1) 저출산에 따른 학령인구 감소

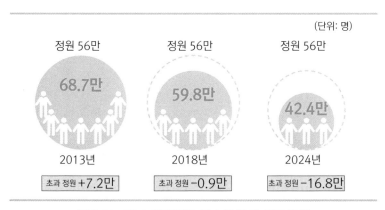

그림 11-10 ❖ 학령인구 감소에 따른 초과 정원

출처: 교육부(2017).

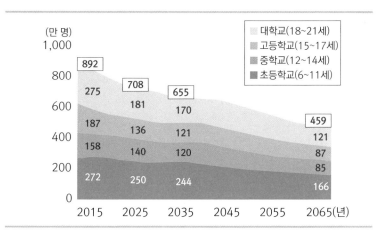

그림 11-11 ❖ 학령인구 연령구조, 2015~2065년(중위)

출처: 머니투데이(2016. 12. 9.).

(1) 학령인구의 감소

저출산으로 인해 학령인구[1]가 크게 감소[2]하고 있다. 특히 앞으로 고등학교 졸업자 수와 대학 진학률이 함께 감소함으로써 국내 대학의 존립 자체에 대한 우려가 크다.

(2) 고등학교 졸업자의 감소

고등학교 졸업자 수는 2012학년도까지 증가하다가 점차 감소하여 2018학년도부터는 대학입학정원이 고등학교 졸업자보다 많아지는 역전 현상이 발생하여 대학 간 통합 및 구조조정 등을 통해 대학 수 감축이 불가피한 실정이다. 또한 정부의 선취업·후진학 정책에 따라 고등학교 졸업 후 노동 시장에 진입하는 졸업생이 늘

〈표 11-2〉 고등학교 졸업자 수 (단위: 천 명)

	2011	2012	2013	2014	2015	2016	2020	2025	2030
초등학교	3,098	2,923	2,788	2,762	2,736	2,702	2,719	2,691	2,663
중학교	1,913	1,859	1,808	1,696	1,563	1,448	1,359	1,367	1,333
고등학교	2,064	2,019	1,962	1,900	1,846	1,796	1,370	1,350	1,324
합계	7,075	6,801	6,558	6,358	6,145	5,946	5,448	5,408	5,320

*주: 통계청에서 2011년 12월에 작성한 장래인구추계 자료임.
출처: 한국교육개발원(2012).

---

1) 학령인구: 교육인구 규모를 가늠할 수 있는 일차적 요인으로, 우리나라의 학령인구는 만 6세 이상부터 만 21세까지의 인구를 의미
2) 20년 전인 1995년과 비교했을 때, 초등학생은 약 120만 명, 중학생은 약 76만 명, 고등학생은 약 33만 명이 감소함

고 있어 역전 현상은 2~3년 정도 당겨질 것으로 예상된다.

(3) 대학입학정원 미달

2018년 대학입학정원은 9천146명이 부족(교육부, 2018)하다. 이는 2013년 대학입학정원 55만9천36명을 기준으로 할 때 2018년 고등학교 졸업생 규모가 54만9천890명으로 추산됐기 때문이다. 2024년에는 16만8천772명이 부족할 것으로 예상되는데, 이는 고등학교 졸업생 규모가 39만264명으로 줄기 때문이다.

(4) 지방대의 대학입학정원 미달 현상 심화

대구, 경북, 울산 등에 위치한 지방 대학은 더 심각한 상황이다. 2024년 세 지역의 대학입학정원은 7만8천375명인데, 고등학교 졸업생은 4만8천303명에 불과해 3만72명이 부족할 것으로 예상된다. 신입생 미충원의 90% 이상이 지방대에 편중되어 있는 현실을 고려할 때 시장원리에 맡길 경우에는 지방대 위주로 고사될 것이라는 점은 확실시된다. 대학이 갑자기 문을 닫을 때 대학 구성원과 지역경제에 미치는 막대한 타격을 고려하면 폐교까지 연착륙시키는 정부의 선제적인 대응이 필요하다.

(5) 학생 수 감소에 따른 대학 존립 기반의 악화

학생 수 감소는 등록금 의존도가 높은 국내 대학의 존립 기반을 흔들고 있다. 이러한 인구 감소에 대비하지 못할 경우 대학신입생 미충원에 따른 **재정 악화와 교육 부실화**가 우려되며, 이러한 피해는 고스란히 학생, 교직원, 대학, 지역사회가 떠안을 수밖에 없다.

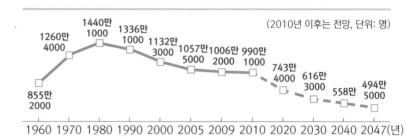

그림 11-12 ❖ 학령인구 추이

*학령인구: 만 6~21세.
출처: 통계청(2018). 자료 참조 재구성.

2) 기술 변화에 따른 교육 패러다임의 변화

(1) 4차 산업혁명

- 4차 산업혁명은 자동화와 연결성이 극대화되는 변화를 뜻함
- 극단적인 자동화는 자동화할 수 있는 작업의 폭을 크게 넓혀서 저급 수준의 기술뿐 아니라 중급 수준의 숙련 기술들에 대해서도 적용될 것임
- AI가 적용된 자동화의 최전선에서는 언어와 이미지를 포함하는 빅데이터를 분석하고 처리하는 등 인간만이 할 수 있다고 여겨졌던 업무들 중 상당 부분을 로봇이 대체할 것으로 전망됨

- 극단적 자동화를 통해 저급 및 중급 기술자들의 업무를 로봇이 대체하게 되면 경제적 불평등의 문제를 더욱 촉발할 것으로 전망됨
- 국제적이면서도 즉각적인 연결을 통하여 새로운 사업 모델이 창출될 것임(공유 경제, 온디맨드 경제 등)

(2) 뉴미디어의 등장

IoT, VR, AR 등 뉴미디어의 등장으로 지식의 전달 수준이 변화하고, 모바일 플랫폼을 바탕으로 모든 지식과 정보가 연결되는 공유 사회가 펼쳐질 것이다.

(3) 뉴미디어를 통한 새로운 교육 시스템의 대두

이러한 미디어의 발달은 대학의 교육방법체계를 완전히 바꾸고 있다. 무크(MOOC), 테드(TED), 거꾸로 학습 등 뉴미디어를 통한 새로운 교육 시스템의 대두는 현재와 같은 고비용·저효율 구조의 대학 시스템을 근본적으로 바꿀 것을 요구하고 있다. 이에 따라 미국의 대학은 10년 이내에 3분의 1이 사라질 것으로 예견되고 있고, 우리나라도 학령인구 감소의 영향, 뉴미디어의 교육 영역 도입에 따라 10년 이내에 반 이상의 대학이 사라질 것이라는 예견이 있다.

※ 무크를 통해 안방에서 미국의 하버드대학교나 MIT의 수업을 들을 수 있다. 이미 3~4년 전부터 세계 유수 대학의 강의를 탑재한 코세라(Coursera), 에덱스(edX), 유다시티(Udacity) 등 세계 3대 무크 서비스는 전 세계 대학을 위협하고

있다(이현청, 2016b, 2017a, 2018a).

(4) 현재 대학교육의 한계

이렇듯 급변하고 있는 산업혁명에 대비하기 위해서는 대학교육의 변화는 필수적이나 우리의 대학교육은 여전히 분업적 · 전문적 · 획일적 특징을 갖는 2차 산업혁명에나 어울리는 교육체계를 고수하고 있다. 같은 시간과 같은 공간에서 같은 교수로부터 같은 내용의 강의를 듣고, 같은 과제를 풀고, 같은 시험을 통해 평가받고 있는 실정이다. 전국 200여 개 대학의 같은 전공 학생들은 거의 같은 교과목으로 구성된 교과체계에서 앞에서 언급한 '같은' 방식으로 학습하고 있다.

3) 대학에 대한 사회의 부정적 인식

(1) 정당성과 신뢰 차원의 문제에 대한 사회적 인식

한국의 대학들은 수요의 위기뿐 아니라 정당성과 신뢰의 위기에 처해 있다. 즉, 대학과 구성원(또는 관련 당사자)들이 대학의 정체성과 임무에 관한 가치와 규범에 관한 혼란, 고등교육의 사회적 정당성과 합법성에 대한 사회의 문제의식, 대학 졸업생의 취업 지표로 본 효용성과 사회적 효과성에 대한 의문, 대학에 대한 국민과 시민사회의 신뢰 저하, 교수 집단의 정치적 · 사회적 권위와 영향력의 급속한 저하 등 모든 영역에서 위기에 처해 있다. 대학 지원자의 감소라는 고등교육 시장의 수요 급감으로 인해 발생하는 과잉 공급은 대학과 고등교육 전반의 위기를 전면에 노출하고 논쟁을 촉발하는 계기일 뿐이다.

(2) 대학 차원의 문제에 대한 사회적 인식
- 전형적인 고비용 · 저효율 집단
- 정부의 막대한 재정 투자와 비싼 등록금 수입에 의한 사회적 부담: '반값 등록금'–1990년대 이후의 급속한 팽창으로 인해 부실 대학 양산
- 불합리하고 불투명한 대학 운영
- 만족스럽지 못한 학문적 성과: 노벨상 수상자 배출 실적 저조
- 사회의 기대에 미치지 못하는 대학의 경쟁력(교육, 연구, 사회봉사)
- 사회가 요구하는 지속적 혁신 동력을 제공하는 능력 부재
- 졸업생에 대한 사회적 불만: 이공계 신진 인력에 대한 막대한 재교육 비용
- 불합리한 대학 입시에 의한 사교육 조장으로 사회적 부담 가중
- 사회적 변화에 적응하지 못하는 보수적 · 폐쇄적 집단

(3) 연구/교수 차원의 문제에 대한 사회적 인식
- 연구 · 교육 윤리 확립 실패: 논문 표절, 연구비 유용 · 횡령, 학생 인권 침해 사례

- 전형적인 '철밥통' 집단의 행태
- 지성인 집단으로서의 품격 확보 실패: 폴리페서, 이익 집단화(마피아)
- 정부 지원금에 대한 맹목적인 집착: 대규모 연구·교육 지원 사업에 대한 집착
- 사회적 기대에 미치지 못하는 전문성: 첨단 산업 관련 분야에서 더욱 심각

(4) 학생 차원의 문제에 대한 사회적 인식

- 초·중등 공교육 붕괴에 의한 학력 저하
- 비싼 교육비 부담
- 불확실한 미래에 대한 학생들의 불안감
- 학생들의 면학 분위기 개선 필요

4) 대학의 질적 저하와 사회적 수요에 못 미치는 교과과정

(1) 한국 대학의 위기

한국 대학의 위기는 학생 수의 급감으로 인한 등록금 수입이 대학의 운영비용을 보전하지 못하는 한계선상의 대학들만의 문제는 아니다. 한국의 대학체제 전반이 양질의 교육과 연구의 역할을 수행하고 사회 발전에 기여했다면, 한계선상의 대학들 이외의 대학들과 고등교육체제 전반은 큰 문제가 될 수 없다(장수명, 2014).

(2) 사회적 요구에 부합하지 못하는 대학교육에 대한 낮은 평가

  한국의 대학교육은 사회적 요구에 부합하는 정도와 질적 수준에 있어서 낮은 평가를 받고 있다. 고등교육의 사회적 적합도와 고등교육 시스템의 질은 국가 경쟁력 순위에 비해 낮은 편이다.

※ '10년도 『The Times』 대학평가 국가별 200위권 내 대학 수: 미국 72개교(1위), 영국 29개교(2위), 중국 6개교(7위), 일본 5개교(10위), 한국 4개교(11위)

※ 스위스 IMD의 2012년 국가 경쟁력 보고서: 한국의 국가 경쟁력은 22위, 교육 경쟁력은 27위, 그러나 대학 경쟁력은 59개국 중 42위

※ WEF 평가(2012): 한국의 국가 경쟁력은 24위, 그러나 대학 경쟁력은 44위

(3) 사회의 발전 속도와 요구에 부응하지 못하고 있는 대학교육

- 2012년 전국 558개 고등교육기관 졸업자[2011년 8월 및 2012년 2월 졸업자(566,374명)]의 취업률 평균은 59.5%에 불과함

- 고등교육기관 중 전문대학 취업률은 60.9%로 전년대비 0.2%p, 대학 취업률은 56.2%로 전년대비 1.7%p 상승하였고, 일반대학원 취업률은 69.7%로 전년 대비 2.4%p 하락함

(4) 사회경제적 수요를 반영하지 못한 학과체제, 교육과정 운영 등으로 인한 인력수급 불균형 야기

- 산업 및 사회 변화를 고려하지 않고 대학 중심의 학과가 증설됨

  ※ 평균 학과 수: 1990년 37.5개 → 2008년 61.6개(1.6배 증가)

- 산업 현장에서 요구하는 지식, 역량과의 연계성이 부족함

※ 교과목의 산업 수요 일치도(2008년): 자동차 분야 61%, 건설 엔지니
　어링 분야 65%

※ 대학의 교육 프로그램이 산업 사회에 부합하지 못한 결과, 기업에서 채
　용한 인력을 재교육하는 데 소요되는 비용이 연간 3조 원에 달함

※ 한국경영자총협회(2009)가 전국 382개 기업을 대상으로 '2010년 대
　졸 신입사원 업무 능력 평가 조사'를 실시한 결과, 대졸 신입사원의 업
　무성취 만족도에서 100점 만점에 '70~79점'이라고 응답한 기업이
　42.5%로 가장 높게 나타났으며, '80점 이상'이라고 평가한 응답 비율
　은 46.9%에 불과

• 지역 발전 및 특성화를 반영한 교과과정 개발이 미흡함

• 원자력, 녹색 기술, 소프트웨어 산업 등 미래 유망 분야를
　선도하는 인재 양성체제로의 개편이 부족함

(5) 취업을 위한 대학생 사교육비의 증가

• 대학생은 대학교육이 취업을 하는 데 크게 도움이 되지 않
　는다고 인식함

※ 한국고용정보원(2010)이 전국의 대학생(1~4학년) 1,098명을 대상으
　로 실시한 조사 결과에 따르면, 응답생의 18.6%는 '대학교육이 취업에
　도움이 안 된다'라고 응답. 그 이유로는 '실무보다는 이론교육 중심이기
　때문'(35.6%)이 가장 많았고, 그다음으로 '전공 자체가 취업 후 실무와
　거리가 멀기 때문'(22.6%), '대인관계 기술 등 취업 후 직무수행에 필요
　한 교육이 없어서'(21.6%) 등으로 나타남

• 대학생 스스로 '취업 스펙(spec)'을 높이기 위해 지출하는
　사교육비가 급격히 증가하고 있으며, 이는 가계에 상당한
　부담으로 작용하고 있음

※ 취업포털 '잡코리아'가 2010년도에 대학 2~4학년생들을 대상으로 취
　업 사교육 현황을 조사한 결과에 의하면, 응답자들의 평균 취업 사교육

비는 265만 원에 달했으며, 취업 과외를 받는 비율도 61.5%로 나타남

(6) 직업교육이나 인력 양성이 목적인 대학의 경우에도 직무수행 능력
(competency)에 기초한 교육과정 편성에 취약

- 4년제 대학이 전문대학에 기 개설된 직업 관련 학과를 충
분한 준비 없이 모방함으로써 전문적인 직업 인력 양성은
더욱 곤란한 실정임

- 직무수행 능력에 부합하는 교육과정이 아니라 학문 중심
교육과정을 모방하여 산업 현장에서 필요로 하는 직업인
양성에 실패함

- 기업의 경우 대학교육의 적합성에 대한 불만 제기는 많으
나, 현장실습 및 인턴십 제공, 대학에 대한 재정 지원 등에
는 소극적임

(7) 교육과정 편성·운영에 있어 대학과 국가 차원의 지원체제 부재

- 대학에 자체적으로 교수 역량 개발을 지원하는 기능이 거
의 없어 많은 교수가 시행착오를 거치면서 교육의 질 부실
을 초래함

- 강의 분석 전문인력 부족 등으로 '교수학습지원센터(Center
for Teaching and Learning: CTL)' 기능이 취약함

  ※ CTL의 경우, 인력의 대부분이 행정·연구 조교 등과 같은 비정규직 신
  분으로 구성되어 업무의 지속성과 전문성이 결여되어 있음

- 초·중등교육과 달리 대학의 교육과정은 개별 대학에 전
적으로 맡겨지기 때문에 질 관리 면에서 대학 간에 상당한

격차가 발생함

※ 영국의 경우, 1999년 설립된 학습·강의연구원(Institute for Learning and Teaching)을 흡수하여 2004년 고등교육 아카데미(The Higher Education Academy)를 설립

5) 취약한 고등교육 재정지원구조

(1) 학생 수 감소

- 학생 수 감소는 등록금 의존도가 높은 국내 대학의 존립 기반을 흔들고 있음

(2) 사립 대학 비율이 높은 상황하에서 높은 대학 등록금 의존율

- 사립대의 경우, 총 대학재정수입 중 등록금 수입이 차지하는 비율이 52%(2009년 통합회계 결산 기준)에 이름
- 높은 등록금 의존율이 등록금 인상을 부추기는 결과를 낳고 있음
- 반면, 미국 대학의 등록금 수입 의존율은 주립대 16.77%, 사립대 25.96%에 불과함

(3) OECD 국가 대비 재정 투자 미흡

- GDP 대비 고등교육 투자 비율은 2.4%로 OECD 평균 1.5%에 비해 높은 수준이나, 정부 투자 비율은 0.6%로 OECD 평균 1.0%에 미달임
- 고등교육 단계 정부지출 공교육비 중 교육기관에서 직접

지출한 교육비는 78.0%로, OECD 평균(79.5%)보다 1.5%p
낮음

> ※ 민간 부문에 대한 정부보조금 비율은 22.0%로, OECD 평균(20.5%)보
> 다 1.5%p 높음. 특히 고등교육 단계 정부지출 중 학생에게 지원되는 학
> 자금 대출 비율이 17.7%로, 전년(5.4%) 대비 12.3%p 증가함

- 고등교육 단계 공교육비 중 민간재원 비율은 2000년
76.7%에서 2009년 73.9%로 2.8%p 하락. 2009년 우리나
라 고등교육 단계 민간재원 비중은 OECD 평균보다 약
2.5배 더 높은 것으로 나타남

(4) 대학의 자체 재정수입구조의 다변화 노력 부족

- 등록금 수입에 편중되어 있음. 대학재정수입이 국립대는 국
고보조금(53.2%), 사립대는 등록금(66%)에 편중되어 있음
- 선진국에 비해 기부금 수입이 낮음

> ※ '08년 사립대의 기부금 수입은 5,339억 원으로 사립대 재정 수입의
> 2.3% 수준에 불과함
> ※ 한국과 미국 주요 사립대의 전체 수입 대비 기부금 수입 비율: 연세대
> 학교 4.6%, 고려대학교 4.7%, 하버드대학교 7.6%, 버클리대학교
> 15.9%. 미국 사립대의 기부금 수입 비중(2006~2007년)은 11.08%

(5) 산학협력을 통한 민간기업 R&D 자금의 대학 투자 저조

- 우리나라는 총 연구개발비 중 대학이 11.1%, 기업체가 75.4%,
공공연구기관이 13.5%를 사용(2008년). 외국에 비해 대학
에 대한 투자 비중이 낮음

> ※ 미국(2007년) 13.3%, 일본(2007년) 12.6%, 독일(2006년) 16.3%,

프랑스(2007년) 24.5%

• 특히 민간기업 R&D 자금의 대학 투자는 정체 또는 감소 상태임

※ 민간기업 R&D 재원(2008년 25조 원) 중 대학 사용(2008년 4,407 억 원) 비중은 2.0%(2005년) → 1.8%(2006년) → 2.1%(2007년) → 1.8%(2008년)

6) 우수 자원의 유출 현상 심화

(1) 국외 한국인 유학생의 증가

국외 한국인 유학생은 2001년 이후 꾸준히 증가하여 OECD 국가 중 가장 많은 유학생을 외국에 보내고 있다.

※ OECD 국가 전체의 4.2%(105,779명), 전 세계의 3.5%(107,141명) 점유(2009년)

(2) 국내 학생의 '고비용' 해외 유학 증가

대학교육에 대한 불만족으로 국내 학생의 '고비용' 해외 유학이 증가하고 있다.

※ 유학 · 연수 수지(초 · 중 · 고등학교 및 고등교육 포함)의 적자는 경제 위기 시점 직후(1997년 외환 위기, 2007년 세계 경제 위기)를 제외하고는 심화되고 있는 상태임

(3) 유학생 유치에 따른 재정 부담 발생

중국 학생 편향(전체 유학생의 84%)에 따른 양적 유지 및 장학 지원에 의한 유학생 유치로 인해 질적으로 우수한 인재의 부족과 유학생 유치에 있어 재정 부담이 발생하고 있다.

※ 4년제 일반대학 기준 외국인 유학생 중 중국인의 비율은 84%(한국교육개발원, 2012)

※ 국내 외국인 유학생 수/중국인 유학생 수: 22,526명/12,312명(2005년) → 83,842명/57,783명(2010년)

※ 중국인 유학생 수 상위 대학: 경희대학교(3,477명), 연세대학교(3,404명), 이화여자대학교(3,033명), 성균관대학교(2,477명), 건국대학교(2,462명)

(4) 외국인 유학생 및 수용기관의 질 관리체제 미흡

- 외국인 유학생의 양적 팽창에 초점이 지나치게 맞추어져 있어 질적으로 성장할 수 있는 여건 조성과 대책이 부족함
- 질적 개선이 없는 외국인 유학생의 양적 확대는 결과적으로 우리나라 고등교육에 대한 국제적 위상과 교육브랜드 위상 하락을 초래할 가능성이 높음

대학교육의 미래: 유토피안적 관점/디스토피안적 관점

제12장
대학교육의 미래: 유토피안적 관점/ 디스토피안적 관점

대학교육의 미래는 4차 산업 사회의 변화에 따라 위기에 봉착할 수도 있고 기회로 삼을 수도 있다. 대학교육의 미래는 2가지 관점으로 전망되고 있는데, 하나는 유토피안적 관점이고 또 다른 견해는 디스토피안적 관점이다. 유토피안적 관점은 융합된 첨단 기술의 발달로 인해 학습 내용이나 학습방법, 그리고 학습 평가 등에 있어서 커다란 발전이 이루어질 것이고, 학습자의 능력을 신장하는 데에도 기여할 것이라는 입장인 데 반해, 디스토피안적 관점은 대학이 커다란 위기에 봉착할 것이고, 나아가서는 사라질 위험마저 있다고 예견하는 입장이다. 두 견해 모두 장단점이 있지만 많은 미래학자는 대학교육이 미래에 많은 위기를 겪게 되리라고 예견하는 데는 주저함이 없다. 대학교육의 미래가 위기를 맞게 될 것이라고 하는 관점들은 대학 학령인구의 감소, 교과 내용의 대변화, 교수방법의 혁명적 진화, 직업 생태계의 큰 변화 등을 원인으로 지적하고 있다. 따라서 대학교육의 미래는 그리 순탄하다고 볼 수는 없을 것 같다. 특히 2030년이 되면 우리나라 대학은 물론

이거니와 세계적인 대학들 모두 커다란 위기에 봉착하게 되고, 심지어 폐쇄되는 대학들도 많아질 것이라고 예견하고 있다. 대학교육의 미래는 위기의 미래이지만, 이러한 위기를 잘 극복하고 위기와 관련된 요소들을 최소화하면 오히려 발전하는 데 좋은 기회로 삼을 수 있으리라 생각된다.

대학의 미래에 대해서는 아무도 쉽게 예단할 수 없다. 그러나 많은 미래학자의 경우에는 대학이 가까운 장래에 사라질 것이라는 예견을 하고 있는 것이 지배적인 견해이다. 앞서 언급한 것처럼 대학의 미래에 대한 예측은 유토피안적인 낙관론적 관점과 디스토피안적인 비관론적 관점이 양존하고 있다. 이들 견해는 다 일리가 있지만 현재의 직업 생태계의 변화나 인공지능의 진화, 그리고 교육관의 변화 등을 감안할 때 유토피안적 관점보다는 디스토피안적 관점이 더 우세하다고 볼 수 있다.

비관론적 관점에서도 현재의 대학체제가 보완되거나 역할을 달리할 것이라는 견해가 있는가 하면 아예 대학 자체가 사라질 것이라고 하는 견해에 이르기까지 다양한 의견이 있다. 4차 산업 사회에 대한 동력이나 기술 변화에 대한 영역별 전문가는 많지만 4차 산업 사회와 대학을 연관 지어 대학의 미래를 정확하게 진단하는 견해들은 그리 흔치 않다.

대학이 사라질 것이라고 하는 견해는 학습자들의 분화를 의미하고 학습방법의 개별화를 의미하며, 교수 역할의 대변화를 의미하기 때문에 대학의 체제와 체계 자체가 붕괴될 것이라는 의미를 담고 있다. 대학에 대한 견해들을 요약, 정리해 보면, 기능의 측면, 역할의 측면, 과정의 측면, 그리고 교과과정의 측면, 학습자와 교수자의 역할 변화의 측면, 직업에서 요구되는 인력관의 변화와 인재상의 변화 등을 종합해서 판단할 수 있다. 이러한 점에서 대학교육의 기능 변화, 대학 학습자의 변화, 대학 교수자의 변화, 교과과정의 변화, 학습방법의 변화 등의 특징은 다음과 같다.

📺 대학의 미래에 대한 두 견해

대학의 미래에 대한 견해는 앞서 언급한 대로 낙관론적인 관점과 비관론적인 관점이 공존하고 있다. 낙관론을 주장하는 입장들은 수천 년 동안 지속되어 온 대학교육이 쉽게 붕괴되거나 사라지지 않을 것이라는 안이한 관점에 서 있다. 그러나 4차 산업혁명의 획기적인 변화는 직업 생태계의 대변혁과 기술 변화, 그리고 가치관의 변화, 대학교육의 허용성에 이르기까지 다양한 변화를 초래하고 있어서 안이한 낙관론의 경우에도 불가피하게 수정이 필요하리라고 생각된다. 비관적인 관점에서는 대학의 대체 대학 형태의 미래를 예측하고 있고, 캠퍼스 없는 대학의 미래를 상정하고 있다. 이들 두 견해를 요약해 보면 다음과 같이 정리할 수 있다.

1) 유토피안적인 대학의 미래

유토피안적인 대학의 미래관은 현존 대학은 그대로 유지하되

방법론과 교과 내용 등을 개혁해 나감으로써 보완할 수 있다는 견해라 볼 수 있다. 유토피안적인 대학의 미래관은 대학은 그대로 존재하지만 교과 내용이 산업의 요구에 맞게 수정되어 가고, 학습 방법에서도 온라인과 같은 형태의 학습방법을 통해 현존 대학이 유지될 수 있다는 견해이다. 이와 함께 기존 대학을 더욱 강화해야 한다고 하는 견해마저 있다. 그러나 이러한 견해들은 대학 환경의 급격한 변화를 간과한 면이 없지 않고, 기존 대학의 틀이 그대로 유지된다 해도 교육의 내용과 과정 및 목표 등이 다 바뀌어야 하는 현실을 간과한 견해라고 볼 수 있다. 유토피안적인 대학의 미래관에 따르면, 다음과 같은 몇 가지의 대학관을 예로 들 수 있다.

- 종합 대학(university) 개념
- 거대 종합 대학(Multiversity) 개념
- 텔레버시티(Televersity) 개념
- 단과 대학(college) 개념
- 전공 개념과 학과 개념
- 전통적 캠퍼스 개념
- 교수와 학습 연계 개념
- 피교육자 개념

2) 디스토피안적인 대학의 미래

디스토피안적인 대학의 미래관은 현존 대학은 유지되기 힘들고 유지된다 해도 부분적으로 혹은 체제만 유지될 것이며, 교육의 내용이나 과정, 학습 등의 틀은 완전히 바뀔 것이라고 하는 견해라고 볼 수 있다. 디스토피안적인 대학의 미래관에서는 캠퍼스 중심의 현존 대학은 매우 가까운 장래에 사라질 것이고, 교수자 중심의 교육은 학습자 중심의 교육으로 전환되어 캠퍼스에서의 경직된 집체교육 형태의 교육은 더 이상 이루어지지 않을 것으로 예견하고 있다. 이러한 점에서 교수와 학습자의 역할이 관계의 역할에서 공동 학습자 역할로 바뀔 것이고, 학습방법도 학습자 스스로 선택하는 유연성 있는 학습자 주도형 학습방법과 자기주도형 교과과정으로 운영될 것으로 본다.

디스토피안적인 대학의 미래 예측론자들은 기존의 대학은 매우 가까운 장래에 사라질 것이고, 현존 대학의 얼개 또한 크게 변화하여 전통적 대학교육 그 자체가 사라질 것이라는 견해를 갖고 있다. 하버드대학교의 파울로 프레이리(Paulo Freire) 교수와 같이 2023년에 많은 대학이 사라질 것이라 예측하는 경우도 있고, 심한 경우 2040년이 되면 미국의 주요 대학 10개를 제외하고는 모두 사라질 것이라는 극단적인 전망을 하는 경우도 있다. 그러나 이러한 급격한 대학 붕괴는 없다 할지라도, 그 시기가 언제일지는 알 수 없으나 매우 가까운 미래에 전통적 대학의 모습은 사라질 것이고, 대안적 대학이나 학습자 중심의 분화된 대학의 모습으로 변화할 것이라는 데는 이의가 없다. 디스토피안적인 대학의 미래관에 따르면, 다음과 같은 몇 가지의 대학관을 예로 들 수 있다.

- 성인 중심 대학(Andraversity, 안드라버시티) 개념 확산
- 무크 허브(MOOC hub) 확산
- 마이크로 학위 과정(micro Degree) 확산
- 나노 학위 과정(nano Degree) 확산
- 3無 대학 일반화
- 자기주도적 셀(cell) 학습자 확산
- 바로 반응하는 대학(responsive university) 등장
- 학습 치료(learning therapy) 확산

🖥 대학교육의 기능 변화

대학교육의 기능은 교육, 연구, 봉사의 3대 기능으로 자리매김하여 왔다(Jaspers, 1945; Perkins, 1966). 그러나 시대가 변함에 따라 대학교육의 기능도 3대 기능 외에 다른 기능이 추가되기도 했다. 예를 들면, 교육은 봉사형 교육과 연구형 교육으로 진화하였고, 연구의 경우에도 교육과 함께하는 연구체제로 변하는가 하면, 봉사의 경우에는 학습 중심 봉사 혹은 봉사형 학습(service learning) 등으로 기능 변화가 이루어져 왔다. 대학교육 기능의 이러한 변화는 지식정보화 사회와 4차 산업 사회로 진입하면서 불가피한 것이라 할 수 있다. 대학교육의 기능 변화를 도시해 보면 [그림 12-1]과 같다.

그림 12-1 ❖ 대학교육의 기능 변화

출처: 이현청(2018a).

야스퍼스가 주장한 대학교육의 3대 기능은 그대로 유지되겠지만 그 기초 위에 시대적 변화에 걸맞은 대학교육의 기능 변화는 불가피하리라고 본다. 지식정보화 사회에서는 지식의 콘텐츠화, 유용한 지식 중심의 연구 기능, 그리고 산재되어 있는 연구기관 간의 지식을 공유하는 지식 네트워크의 3대 기능으로의 변화가 이루어지고, 4차 산업 사회에서는 지식이 AI를 기반으로 한 머신러닝(machine learning)에 의해 인간이 외우고 반복해서 습득해야 하는 단순한 지식 전달의 기능에서 벗어나 창의적 지식으로 전환할 수 있는 학습이 중요시된다. 이와 더불어 전공과 영역 간의 파괴가 이루어져 융합적 접근이 불가피하게 되고, 이러한 융합적 접근에 의해서 다학문적 융합교육이 대학의 중요한 기능으로 자리 잡을 것이며, 연구 또한 융합연구를 통한 연구체제로 자리매김하리라고 본다. 이러한 점에서 소위 3C라고 볼 수 있는 융합교육(convergence learning), 융합연구(convergence research), 그리고 창의적 학습(creative learning)이 중요한 기능으로 정립될 것으로 예측된다. 특히 4차 산업 사회는 융합의 융합, 그리고 융합의 재융합 등의 융합교육과 융합연구의 시대일 수밖에 없는데, 이러한 융합 과정을 통해서 대학교육이 초융합 시대에 걸맞은 인재를 양성하는 기능을 중요시해야 하기 때문이다. 이뿐만 아니라 연구에 있어서도 각 영역이 통합적 접근을 해야 하기 때문에 이러한 통합적 접근의 일환으로 이루어지는 융합연구가 중요한 과제일 수밖에 없다. 이러한 과제가 곧 대학 기능의 변화라고 볼 수 있다.

물론 학습방법에 있어서는 창의력을 개발하고 통합적 문제 해결 능력을 개발하는 창의적 학습이 주가 되기 때문에 대학의 기능 또한 창의적 학습 기능이 중요한 기능으로 대두할 것이다. 더구나 이러한 통합적 접근은 4차 산업 사회가 요구하는 초연결, 초융합에 걸맞은 역할 수행이다. 이처럼 4차 산업에 필요한 3C 기능은 종전의 교육, 연구, 봉사의 기능을 기초로 하고, 지식정보화 사회에서 요구되었던 3K 기능과 함께 4차 산업 사회에 부합하는 새로운 대학의 기능으로서 강조되리라 본다. 이후 대학이 캠퍼스 중심에서 탈피하여 단순한 학습자원센터 역할이나 학습 허브의 역할을 하게 될 경우, 대학의 기능은 교육, 연구, 봉사의 전통적 기능은 물론이거니와 3K 기능과 3C 기능 모두 약화되어 학습자가 스스로 대학교육의 목표 설정과 기능을 재단하는 자기주도적 대학 기능으로 전환될 것으로 보인다.

- 이동 대학(mobile college), 사이버 대학(cyber college), 다기능 대학(multi mission college), 경험 중심 대학, 다국적 대학, 연계협약 대학 등 다양한 재구조화가 이루어질 것으로 전망
- 이러한 재구조화는 국경을 초월함은 물론 개방체제와 열린 고등교육체제로의 커다란 변화를 의미
- 특히 중요한 현상은 캠퍼스 중심체제에서 비정형적 탈캠퍼스 중심체제로의 변화

그림 12-2 ❖ 대학체제의 변화

출처: 이현청(2018b).

대학 학습자의 변화

대학 학습자의 변화는 〈표 12-1〉에서 볼 수 있듯이, 가까운 장래에 다가올 대학의 위기 및 종말과 무관치 않다. 대학 학습자는 캠퍼스 중심의 피교육자적 입장에서 완전히 탈피하여 자기주도적 대학 학습자로 변화할 것이다. 이러한 변화는 교육과정의 선택과 학습 시간의 선택, 그리고 학습방법의 선택, 직업과 연관된 전문성 신장과 관련된 영역의 선택 등에 이르기까지 학습자 주도로 이루어지게 된다. 이러한 학습자 주도의 형태는 큰 변화를 가져와 대학 전체의 학습 틀과 학습 패러다임에 혁명적 변화를 가져다줄 것으로 보인다. 학습자의 학습 형태와 패러다임의 변화는

결국 앞서 제시한 바처럼 대학 기능의 변화와 맞물려 '대학 없는 학습(collegeless learning)'의 틀 속에서 이해될 수 있을 것이다. 대학 학습자는 캠퍼스와도 무관하고 교과과정과도 무관하게 자신의 학습을 스스로 관리하는 완전한 자기주도형 학습자의 특성으로 변화할 것으로 예견된다.

〈표 12-1〉 대학의 종말(The end of university education)

- 25~50% US university disappear within 15 years period of time by the influence of MOOC etc.
- Only 10 universities possibly will be survived within 50 years. (Founder of Udacity)
- Expanding MOOC degree, nano degree, micro degree, EBC.
- Georgia tech case: Computer online master degree courses, 3,000 students enrolled from 86 countries in 2016.
- Illinois states University: Coursera, MOOC, 36 MBA courses
- Arizona states University: CCS(Campus less Credit System)

출처: 이현청(2018a).

4차 산업 사회 대학 학습자의 특성을 몇 가지로 집약해 보면 다음과 같다.

- 시간제 학습자의 확산
- 전문 평생학습자의 확산
- 일, 학습, 그리고 휴식이 함께하는 융합형 학습자(blended learner)의 등장

- 자기주도형 학습자의 확산
- 자기재단형 학위 프로그램 중심 학습자의 등장
- 경험 중심 학습자의 확산

특히 무크나 나노·마이크로 학위 과정의 확산은 이러한 학습자의 특성 변화와 함께 접목되어 대학교육의 큰 변화요인으로 작용할 것이다.

🖥 대학 교수자의 변화: 지식 유목민 시대

미래의 대학교육은 목표, 과정, 결과 등의 모든 체제가 변화할 것이기 때문에 향후 대학교육에서 교수자의 역할은 거의 없어진다 해도 과언이 아니다. 현재와 같은 지식 전수 시스템에서는 교수자의 역할이 매우 중요하지만 소위 '지식 유목민 시대(Knowledge Nomad Age)'에는 학습자 스스로 사이버 공간과 가상 공간에서 지식을 습득할 수 있기 때문에 전통적인 교수자 역할이 더 이상 유용한 시대가 아니다. 이러한 점에서 교수의 지식 유목민 시대의 학습 동참자로서의 역할이 더욱 강조될 것으로 보인다.

대학 교수자의 변화는 결국 대학교수의 채용 시장에도 영향을 미쳐 교수직이 거의 없어질 것으로 예견되고, 있다 해도 세계의 모든 학습자에게 주목을 받는 최인기 교수자만 생존할 것이다. 그 외의 교수는 학습의 촉매자나 학습자의 지원자 역할에 머물 가능성이 매우 높다. 미래의 대학교육은 현재 확산되고 있는 무크 등으로의 진화가 예견되는데, 이러한 과정에서 가장 훌륭하고 인기 있는 세계적인 교수자만이 생존할 것이다. 한동안 정의론에 대한 특강으로 우리나라에서 인기를 누렸던 하버드대학교의 마이클 샌델(Michael J. Sandel) 교수나 현재 행복학에 대한 특강으로 인기를 누리고 있는 하버드대학교의 탈 벤 샤하르(Tal Ben Shahar) 교수, 그리고 스트레스를 승화시키는 학문으로 세계적인 인기를 누리고 있는 스탠퍼드대학교의 로버트 새폴스키(Robert Sapolsky) 교수 등이 이러한 예에 속한다. 교수자의 변화는 대학교수의 채용시장과 전공 영역, 그리고 교육과 학습 영역에서 전체적인 패러다임의 변화를 가져다줄 것이다.

교수자의 변화는 학습의 틀과 교육의 체제가 바뀐다는 의미로서 대학교육이 자기주도적 학습의 틀로 대전환을 할 것이라는 의미를 담고 있다. 교수자의 변화는 학습자의 변화를 초래하고, 교수 주도 학습의 패러다임에서 학습자 주도의 자기주도학습 패러다임으로 변화한다는 의미를 가지고 있다. 교수자와 학습자의 이러한 변화를 눈여겨볼 필요가 있는 것은 대학이 가까운 장래에 사라질 것이라는 일부 주장과도 일맥상통하는 논리이기 때문이다.

📖 학습방법의 변화: 자기재단형 학습 패러다임

대학교육의 미래와 관련해 볼 때 학습방법의 변화는 가히 혁명적이라 할 수 있다.

혹칠판 중심의 학습방법에서 스크린 중심의 학습방법으로의 변화, 그리고 온라인 학습방법에서 가상 공간 학습방법으로의 변화를 거쳐 우리가 예견할 수 없는 학습방법이 등장할 가능성도 있다. 학습방법의 변화는 단순히 ICT의 변화와 온라인 학습의 변화 때문만은 아니기 때문에 우리가 예측할 수 없는 초융합적 학습방법이 등장할 가능성이 있다. 예를 들어, 뇌에 '지식 메모리칩(knowledge chip)'을 가지고 인지 학습과 감성 학습, 그리고 경험 학습을 동시에 조합하는 형태의 자기재단형 학습 패러다임이 가능해질 것이다. 학습방법의 대혁명은 결국 캠퍼스 중심의 대학체제를 붕괴시킬 것이고, 특정 국가나 특정 언어, 특정 전공 영역, 그리고 특정 기간의 제한을 받는 경직된 교육의 틀을 온전히 바꿔 놓을 것이다. 학습방법의 변화는 그 특징에 있어서 다양성과 개별화된 학습방법, 그리고 융합적 학습방법에 의존할 것으로 보인다.

학습방법의 변화를 도시해 보면 [그림 12-3]과 같다.

그림 12-3 ❖ 학습방법의 변화

출처: 이현청(2018b).

[그림 12-3]에서 제시하고 있듯이, 전통적 대학교육에서는 교수자가 교실 내에서 주어진 교과과정에 따라 주어진 내용을 흑칠판을 중심으로 교육했지만, PC 환경으로 바뀐 이후에는 학습자나 교수자 모두 IT 중심 대학교육의 형태로 바뀌었다. 이러한 과정에서 교수자는 흑칠판을 대신하여 대개 파워포인트나 컴퓨터를 활용한 자료로 수업을 하였고, 스마트폰이 PC를 대체한 이후에는 스마트폰 자체가 학습 콘텐츠의 자원 역할을 담당하게 되었으며, 대학교육은 어떠한 지식이든 스마트폰을 통해 추출해 낼 수 있는 네트워크 중심 대학교육으로 전환되었다. 향후 4차 산업이 확산되고 교육관이 바뀌게 되면 AR과 VR을 접목한 가상현실 속에서 다양한 학습방법이 이루어질 것이다. 이것은 가상현실 대학교육이라고 할 수 있는데, 이러한 변화는 앞으로 엄청난 진화를 할 것이며, 결국은 교수자와 학습자의 관계를 학습자 주도의 관계로 전환시킬 것으로 보인다. 학습방법의 대혁명은 현장 중심 적시성교육, 경험 중심 교육으로의 전환을 가져올 것이고, 학위나 자격증이나 스펙 등의 개념은 완전히 사라질 가능성이 매우 높다. 이러한 점에서 학습방법의 대변화는 대학교육 패러다임의 혁신적 변화를 초래할 것으로 예견된다.

교과과정의 변화

교과과정의 변화는 쉽게 예측할 수 없지만 현재의 교과과정의 대부분은 바뀔 것으로 예견된다. 다만 어떤 형태로, 어떻게, 언제 바뀔지는 직업 생태계나 산업구조의 변화와 관련되어 있어서 쉽게 예단할 수는 없다. 그러나 분명한 것은 교육과정의 변화는 혁명적으로 이루어질 것이고, 이러한 변화는 취업과 관련되어 불가피한 선택이 될 것이다. 교과과정의 변화와 관련해서 예측을 해본다면, 다음의 몇 가지로 정리할 수 있다.

- 융합 교과과정의 확대
- 필수 과목의 증가
- 선수 과목과 후수 과목 구분의 약화
- 기초 교과과정의 강조
- 응용 교과과정 생명주기의 단축
- 산학형 교과과정의 확대
- 핵심 교과과정과 지원 교과과정으로의 이원화
- 인문사회과학의 강화
- 학습자 중심의 자기주도적 교과과정의 확산
- 세계적으로 표준화된 교과과정의 등장

🖥 대학의 미래상: 대학의 미래 시나리오

1) 전통 대학의 지속 가능성

이것은 대학 환경이 급격히 변화한다 해도 기존 대학의 틀은 그대로 유지될 것이라는 시나리오로서 오히려 구조개혁과 새로운 전공 영역의 도입 등을 통해 기존의 캠퍼스 중심 대학이 유지될 것이라고 보는 견해이다. 이러한 견해는 미래학자들이 주장하는 견해와는 상반된 견해이지만 가능성은 여전히 열려 있다. 특히 전통 대학이 지속될 것이라는 것을 가정할 때 지금과 같은 대규모 대학 형태보다는 소규모 대학 형태가 될 가능성이 높다. 이와 대조되는 세계적 틀 속에서 기존 대학의 위상을 강화하는 거대 대학 형태의 두 가지 유형으로 존속할 가능성이 있다. 그러나 기존 형태의 전통 대학은 대부분 사라질 가능성이 높다는 견해가 더 설득력이 있다.

2) 마이크로 대학의 출현 가능성: 마이크로 대학의 등장

향후 30년 내외로 예측하여 볼 때 초거대 대학이나 거대 대학은 사라질 가능성이 높은 반면, 특성화된 현장 중심의 마이크로 대학 (micro college)은 등장할 가능성이 높다. 마이크로 대학의 경우에는 개별 대학 형태로 존속할 수도 있지만 마이크로 대학 간의 연계 형태로 존속할 가능성도 있다.

3) 메가 유니버시티의 확산

지식정보화 사회 이후 소위 온라인 중심의 메가 유니버시티(mega university)의 출현이 가능했지만 실제적으로는 메가 유니버시티가 확산되지 않았다. 그러나 4차 산업 사회에서는 메가 유니버시티가 확산될 가능성이 높고, 메가 유니버시티는 마이크로 대학과의 연계 내지는 다국적 연계 형태로 진행될 것이며, 산업체와의 연계 형태도 가능하리라고 본다.

4) 무(無) 대학의 등장: 커리큘럼 카페테리아의 등장

캠퍼스도 없고 교과과정도 없으며 교수도 없는 자기주도적 대학 교육의 형태인 무(無) 대학의 등장이 확산될 가능성이 매우 높다. 무(無) 대학의 교과과정은 '커리큘럼 카페테리아'로 운영될 것이고, 이는 학습자가 학습 메뉴를 선택해 스스로 학습하여 현장에 적용하는 현장 착근형 대학교육이라고 볼 수 있다.

5) 대학 컨소시엄의 등장: 컨소시엄 대학

기존 대학의 인프라는 유지하면서 각 대학의 특화된 특성을 가지고 세계의 대학생들을 대상으로 대학교육을 하는 컨소시엄 대학이 등장할 가능성이 높다. 이러한 가능성은 온라인상에서 무크의 등장으로 그 가능성을 열어 두었는데, 향후에는 기존의 대학 형태에서 특화된 영역을 중심으로 연합 대학의 형태나 컨소시엄 대학의 형태를 취하리라고 본다.

6) 생애주기형 대학의 등장

생애주기형 대학(life task university)은 기존의 평생교육 중심의 대학과도 유관한 형태의 대학이라고 볼 수 있는데, 직무수행 과정에서 혹은 삶의 과정에서 필요한 교과과정 내용을 중심으로 생애과업을 수행하기 위한 대학의 형태라 볼 수 있다. 향후 시간제나 계약직 혹은 프리랜서 유형의 직업이 많아질 것이기 때문에 현장 중심의 생애과업이나 삶 중심의 생애주기형 대학이 등장할 가능성이 매우 높다.

참고문헌

강석기(2016). 생명과학의 기원을 찾아서: 28인의 과학자, 생물학의 지평을 넓히다. 서울: MID.

고용노동부(2018). 2016~2030 4차 산업혁명에 따른 인력수요 전망.

고현정(2016). 미래를 바꿀 3D 프린팅. 서울: 정보문화사.

교육부(2017a). 학령인구추계자료.

교육부(2017b). 행복한 교육 8월호. http://www.moe.go.kr/upload/brochureBoard/1/2017/09/1504661201437_5925861174939834.pdf

교육부(2018). 교육기본통계.

국가산업융합지원센터(2017). 투게the 6월호. Special Issue 기획 특집-새로운 리더십, 해결사를 원하다. https://knicc.re.kr:41902/newsletter/201706/pages/page_01.html

권석원, 권승혁, 권용주(2018). 가상현실(VR) 기반 생명과학 콘텐츠의 뇌전도(EEG) 특성. 학습자중심교과교육연구, 18(9), 355-366.

권승혁, 이영지, 최수연, 권용주(2018). 생명과학 VR 콘텐츠 활용에서 학습자에게 영향을 미치는 구성 요소 분석. 학습자중심교과교육연구, 18(6), 585-605.

김동규, 김중진, 김한준, 최영순, 최재현(2017). 4차 산업혁명 미래 일자리 전망. 충북: 한국고용정보원.

김응빈, 김종우, 방연상, 송기원, 이삼열(2017). 생명과학, 신에게 도전하다: 5개의 시선으로 읽는 유전자가위와 합성생물학. 서울: 동아시아.

김정희, 조원영 공역(2017). 4차 산업혁명 이미 와 있는 미래. 롤랜드 버거 저. 경기: 다산3.0.

류두진 역(2018). 아마존 미래전략 2022: 4차 산업혁명 시대, 아마존의 다음 타깃은 무엇인가? 다나카 미치아키 저. 서울: 반니.

류태호(2017). 4차 산업혁명 교육이 희망이다. 서울: 경희대학교출판문화원.

미래창조과학부(2016. 11. 10.). 4차 산업혁명을 이끌 '지능정보 사회'.

박병원(2016). 미래연구포커스: 인공지능 시대의 미래사회 전망, 도전과 기회. *Future Horizon*, *28*.

설성인(2017). 4차 산업혁명은 어떤 인재를 원하는가? 경기: 다산북스.

소프트웨어정책연구소(SPRI, 2017). 2017 소프트웨어 산업 실태조사. 연구17-015.

송경진 역(2016). 클라우스 슈밥의 제4차 산업혁명. 클라우스 슈밥 저. 서울: 새로운 현재.

신동숙 역(2017). 제리 카플란 인공지능의 미래: 상생과 공존을 위한 통찰과 해법들. 제리 카플란 저. 서울: 한스미디어.

엄증태, 권용주(2016). 생명과학에서 3D 모델링과 프린팅을 활용한 생체모방 중심 융합수업 프로그램의 개발. 생물교육, 44(4), 658-673.

연대성(2017). 디지털 트랜스포메이션과 인공지능: 컨텍스트 그리고 초융합의 시대. 서울: 아이티컨버전스랩(ITCL). http://itcl21.com/wp-content/uploads/2017/06/디지털-트랜스포메이션과-인공지능201706_아이티컨버전스랩.pdf

오헌석, 유상옥(2015). 미래 인재의 조건. 김동일, 교육의 미래를 디자인하다: 교육미래학을 위한 시론(pp. 139-171). 서울: 학지사.

유재수(2017). 빅데이터 기술을 활용한 뇌질환 연구. 정보과학회지, 35(1), 51-53.

윤성호, 이경환 공역(2011). 클라우드 컴퓨팅: 당신이 알고 있는 컴퓨터의 시대는 끝났다. 크리스토퍼 버넷 저. 서울: 미래의 창.

이세철(2017). 4차 산업혁명, 미래를 바꿀 인공지능 로봇. 서울: 정보문화사.

이엽, 김민주 공역(2018). 클라우스 슈밥의 제4차 산업혁명 THE NEXT: 제4차 산업혁명 시대 선언 후 2년, 지금 당신은 어디까지 준비되어 있는가? 서울: 새로운 현재.

이현청(1989). 교육사회학. 서울: 양서원.

이현청(1996a). 21세기를 대비한 대학의 생존전략. 서울: 한양대학교 출판부.

이현청(1996b). 학생소비자 시대의 대학/개방 시대의 대학: 교육 개혁의 파도를 타라. 서울: 한양대학교 출판부.

이현청(1998). 교육의 기본 기능. 전국교무처장협의회 정기총회 기조강연 자료.

이현청(2001). *The New Era of Televersity and Andraversity in the Campusless Society: The Virtual University and Its Implications in Korea*. England: Portland Press.

이현청(2002). 21세기와 함께하는 대학. 서울: 민음사.

이현청(2016a). 대학 환경 변화와 대학의 생존전략. 한국대학교육협의회 전국신임교수 연수 자료.

이현청(2016b). 왜 대학은 사라지는가. 서울: 카모마일북스.

이현청(2017a). 4차 산업혁명과 대학의 생존전략. 신임교수 특강 자료.

이현청(2017b). 4차 산업혁명과 비즈니스. 한양대학교 옴니버스 강의 자료.

이현청(2017c). 4차 산업혁명과 인재상. 한양대학교 청산학당 강의 자료.

이현청(2018a). 4차 산업혁명과 대학의 미래. 서울포럼 기조강연 영문 자료.

이현청(2018b). 대학의 미래. 미출간 특강 자료.

임경택 역(2010). 클론인간, 생명과학에 대들다. 아오노 유리 저. 서울: 소와당.

임베디드소프트웨어 · 시스템산업협회(2017). KESSIA ISSUE REPORT – '4차 산업혁명 시대를 이끄는 핵심 기술동향'.

장경덕 역(2017). 늦어서 고마워: 가속의 시대에 적응하기 위한 낙관주의자의 안내서. 토마스 L. 프리드먼 저. 경기: 21세기북스.

장수명(2014). 한국대학의 위기의 정치경제와 개혁과제. 전국국공립대학 교수회연합회(국교련) 하계정책토론회 자료집, 47–82.

장진호, 최원일, 황치옥 공역(2018). 로봇 수업: 인공 지능 시대의 필수 교양. 존 조던 저. 서울: 사이언스북스.

장필성(2016). 2016 다보스포럼: 다가오는 4차 산업혁명에 대한 우리의 전략은? 과학기술정책, 26(2), 12–15.

전성철, 배보경, 전창록, 김성훈(2018). 4차 산업혁명 시대, 어떻게 일할 것인가. 서울: 리더스북.

전승민(2018). 인공지능과 4차 산업혁명의 미래. 서울: 팜파스.

정웅규, 강현욱, 안유진, 김현근(2017). 3차원 바이오 프린트 장치 및 이를 이용한 3차원 바이오 프린트 방법. 울산: 울산과학기술원.

최윤섭(2018). 의료 인공지능. 서울: 클라우드나인.

최윤식(2016). 미래학자의 인공지능 시나리오: AI 미래보고서. 서울: 코리아닷컴.

통계청(2017). 2017년 출생통계, 국가승인통계 제10103호 출생통계.

통계청(2018). 장래인구추계.

한국경영자총협회(2009). 2010년 대졸 신입사원 업무 능력 평가 조사.

한국고용정보원(2010). 대학교육과 취업 관련 보고서.

한국교육개발원(2012). KEDI 교육통계.

행정안전부(2012). 온-나라 정책연구 보고서.

CHEA(Council for Higher Education Accrediation). (2006). CHEA conference material(unpublished material). Washington, DC: CHEA.

Fullan, M., & Langworthy, M. (2014). *A Rich Seam: How New Pedagogies Find Deep Learning*. London: Pearson.

Gartner. (2017). Gartner's Top 10 Strategic Technology Trends for 2017. Gartner Symposium/ITxpo 2017.

Jaspers, K. (1945). *Die Idee der Universität*. Berlin: Springer-Verlag.

Kerr, C. (2001). *The Uses of the University*. Cambridge, MA: Harvard University Press.

OECD. (2004). AHELO issues and pratices. Unpublished OECD conference. Paris: OECD.

Perkins, J. A. (1966). *The University in Transition*. NJ: Princeton University Press.

글로벌 이코노믹(2018. 5. 21.). [글로벌-Biz 24] '삼성 · LG 점찍은' 독일 OLED 소재기업, 신물질 공개.

네이버 블로그 '스마트 팩토리'(2018. 7. 13.). [IT트렌드] 사물인터넷 IoT의 사례.

네이버 포스트(2017. 7. 25.). 4차 산업혁명, 기술에 '이것'을 결합해 맞서라!

네이버 포스트(2017. 3. 30.). [2017 서울모터쇼] 네이버랩스, 자율주행 기술 자세히 설명. http://post.naver.com/viewer/postView.nhn?volumeNo=6984023&memberNo=2219768

뉴스웍스(2018. 7. 9.). 알츠하이머 치료 신물질 임상2상서 효과 입증… 기대감 높여.

뉴스투데이(2018. 2. 13.). 데이터 사이언티스트 수요 폭발, 2년 뒤 약 5만 명 부족.

뉴스프리존(2018. 3. 26.). 4차 산업혁명과 위기의 대학: 1/4 대학이 이미 망한 대학.

뉴스핌(2018. 8. 30.). 이에스브이 '3D 맵핑 협력사 美 '카메라', 구글 벤처스 200억 투자 유치'.

뉴시스(2016. 11. 4.). 4차 산업혁명 유망 직업 및 기술.

대전일보(2018. 9. 11.). [외부기고] 4차 산업혁명과 대학의 쇠퇴.

데일리팝(2018. 6. 14.). [솔로이코노미 동향] 사물인터넷 자동판매기 · 애플수박 · 대형 가전제품 인기 여전 外.

동아비즈니스리뷰(2012. 4.). 애플, 협력자 수입 키워 플랫폼 살렸다.

디지털데일리(2018. 3. 9.). 4차 혁명시대 당신의 일자리는 안녕하십니까?

디지털타임스(2017. 10. 2.). [기획] 날개 단 자율차 · 드론산업… '게걸음 입법' 성장 발목.

로봇신문(2017. 11. 12.). AI 강국으로 부상한 싱가포르와 홍콩.

로봇신문(2018. 6. 19.). MIT, 세계 최초 사이코패스 로봇 '노먼' 개발.

로봇신문(2018. 7. 25.). 글래스고대학, 새로운 분자 발견용 AI 로봇 개발.

로봇신문(2018. 8. 31.). 중국 유치원, '로봇 선생님' 속속 도입.

로봇신문(2018. 9. 3.). 미 미네소타대, '인공 눈' 3D 프린팅 기술 개발.

로봇신문(2018. 9. 5.). 중국 상하이 빌딩에 '마지막 50m' 음식 배송 로봇 서비스.

매일경제(2016. 7. 22.). [이인식 과학칼럼] 4차 산업혁명의 빛과 그림자.

매일경제(2018. 3. 11.). 4차 산업혁명 시대…입시 대학에 맡기고 교육부는 손 떼야.

매일경제(2018. 3. 11.). 인재 유치는커녕… 연봉 10배 더 주는 中・싱가포르에 교수 뺏겨.

머니투데이(2016. 12. 9.). 학령인구 향후 10년 급감… 2025년에 1980년대 절반 수준.

머니투데이(2018. 8. 27.). 100대 기업의 인재상… 5년 전 도전정신에서 이제는 '소통・협력'.

머니투데이(2018. 9. 3.). 고령화 빨라진 韓, 기댈 수 있는 '로봇슈트' 개발 급하다.

문화일보(2017. 12. 21.). 신한카드 빅데이터 활용 생활 속 소비동향 분석.

문화일보(2018. 2. 6.). 3D 프린터로 로봇 팔・인공 혈관 제작.

물류신문(2018. 8. 14.). '4차 산업혁명', 물류업종 우울한 일자리 전망.

부산일보(2018. 9. 9.). [4차 산업 동남권 현장백서] '4차에 내 자리 있나' 현실이 된 생존 경쟁.

부산일보(2018. 9. 9.). [사설] 4차 산업혁명 시대 지역 생존 전략 마련 서둘러라.

서울경제(2018. 9. 3.). 카메라, 서울대 3D 맵핑 작업 완료… 자율주행 성큼.

서울신문(2016. 12. 11.). [이현청 교육산책] 4차 산업혁명 시대의 교육.

서울신문(2017. 6. 29.). 4차 산업혁명, 대학들은 어떻게 대비하고 있나.

세계일보(2018. 5. 11.). 英서 탈모 치료 신물질 발견 '성욕감퇴 · 발기부
　　전 없는 치료제 가능성'.

스트레이트 뉴스(2018. 8. 30.). 공상과학이 현실로… 3D 프린터로 뽑은
　　'인공 눈' 등장.

시사매거진(2018. 9. 5.). 일자리 창출과 4차 산업혁명.

신아일보(2018. 5. 16.). 병원 따라 천차만별 의료데이터 표준화한다.

아시아타임즈(2018. 4. 8.). 경기도, '맞춤형 일자리 빅데이터' 시 · 군에
　　제공한다.

아주경제(2018. 5. 31.). [박승찬의 차이나포커스] 중국 핀테크 굴기, 한
　　국 이기는 3가지 혁신.

약업닷컴(2018. 7. 9.). 바이오리더스, 면역증강 신물질로 신약개발 도전.

연합뉴스(2016. 10. 28.). 4차 산업혁명, 일자리 47% 없애지만 새 일자
　　리도 만들어.

연합뉴스(2018. 5. 6.). 한국 핀테크 이용률 32%… 중국의 절반에도 못
　　미쳐.

월간 CEO(2016. 2. 29.). 2016 Davos Forum② 4차 산업혁명이 바꿀 미
　　래는?

이데일리(2018. 4. 17.). 대학교수 36% "학령인구 감소… 교수직 미래
　　밝지 않다".

이투뉴스(2017. 3. 17.). [칼럼] 인공지능 시대와 지속 가능한 4차 산업
　　혁명.

일간투데이(2018. 6. 23.). [4차 산업혁명] 실시간 이미지 검색 기능 '구
　　글 렌즈'… AI 강화에도 상용화 아직.

전자신문 ETNEWS(2014. 2. 27.). 세계경제포럼 2014년 10대 유망 기술
　　발표.

전자신문 ETNEWS(2018. 2. 18.). [대한민국 희망 프로젝트] 〈558〉 3D 프린터.

전자신문 ETNEWS(2018. 7. 22.). [IT핫테크] AI로 신물질 발견 앞당기는 '로봇 화학자'.

정책브리핑(2017. 12. 11.). 빅데이터 활성화를 위한 금융 분야 TF.

조선일보(2018. 9. 3.). 이 돼지가 네 돼지 맞느냐? 중국 AI는 척 보면 압니다.

중도일보(2017. 11. 22.). KISTI, 23일 코엑스 오디토리움서 '2017 미래 유망기술세미나'.

중앙시사매거진(2016. 11. 28.). [인공지능 시대 살아남을 직업·기술] 피자 만드는 로봇 나와도 피자 파는 세일즈맨은 남아.

중앙일보(2018. 9. 1.). LAX 기내 수하물 3D로 검색.

철강금속신문(2017. 7. 10.). 금속 3D 프린팅 산업, 80% 이상 고속 성장.

파이낸셜뉴스(2017. 11. 12.). 국가별 빅데이터 특허출원 동향.

한국경제(2018. 9. 3.). [4차 산업혁명 이야기] 인공장기 기술 발달로 인류의 생명연장 꿈도 커졌어요.

한국대학신문(2017. 1. 1.). [기고] 대학의 위기와 미래 대학의 역할.

한국일보(2018. 5. 14.). 골다공증 치료 신물질, 탈모 환자에게도 특효.

BBC NEWS(2017. 6. 20.). AI may take your job — in 120 years.

Computing(2017. 12. 5.). Google AI engine can replicate itself without human help.

EBS 다큐프라임(2017. 12. 11.). 4차 산업혁명, 교육 패러다임의 대전환-1부 대학의 변신.

KBS 뉴스(2018. 3. 5.). '4차 산업혁명' 미래의 유망직업과 위기직업은?

NEW1 뉴스(2018. 9. 3.). 낮엔 태양열 밤엔 압전으로 전기생산하는 신물질 개발.

The enterprisers project(2018. 1. 16.). 4 artificial intelligence trends to watch.

THE GEAR(2018. 7. 9.). 발열 문제 해결할 신물질의 등장.

The Science Times(2017. 4. 26.). 4차 산업혁명 시대, 교육의 미래는?: 지식만 외우는 사람은 경쟁력 없어.

TJB 8시 뉴스(2018. 1. 31.). 4차 산업혁명 충청권 직격탄 우려.

TV 조선(2018. 8. 23.). 4차 산업혁명 시대, 새로운 일자리 대책은?

ZDNet Korea(2017. 11. 16.). In 2018, IoT will move beyond experimentation Future of IoT could depend on cheap SoCs.

ZDNet Korea(2018. 8. 29.). 中 텐센트 '위챗페이, 얼굴 인식 결제 가능'.

이현청(Hyun Chong Lee, Ph.D)

현) 한양대학교 교육대학원 석좌교수
　　한양대학교 고등교육연구소장
　　한국대학평가학회장
한양대학교 사범대학 교육학과 졸업
미국 서던일리노이대학교 대학원 교육과학석사(MSED)(교육행정)
미국 서던일리노이대학교 대학원 철학박사(평생교육학, 교육사회학)
미국 인디애나 트라이스테이트 대학 명예 인문과학박사
부산대학교 사범대학 교육학과 교수
미국 사우스캐롤라이나대학교 사범대 교수
미국 미시간대학교 인간성장및발달연구소 협동연구원
미국 서던일리노이대학교 기술대학(STC) 대우교수
미국 캘리포니아 버클리대학교 고등교육연구소 객원연구원
UNESCO 학점교류 및 학력인정총회 세계의장(파리)
아·태지역 고등교육협력기구(UMAP) 의장(도쿄)
미국고등교육평가기구(CHEA) 국제이사(워싱턴)
OECD 고등교육 집행이사(파리)
대만교육부 자문교수, 중국 후난대학교 명예교수
호주 AUQA(대학평가기구) 평가위원(멜버른)
한국비교교육학회장
한국대학교육협의회 사무총장
호남대학교 총장
상명대학교 총장
한국대학총장협회 회장
국민훈장 모란장 수상
세계 3대 인명사전 등재(2010~2012, 2017~2019)
세계 100대 교육자 선정(2011, 영국 IBC)
21세기 위대한 사상가 1000인 선정(영국 IBC)
21세기 탁월한 지성 2000인 선정(미국 ABI)

〈저서〉
왜 대학은 사라지는가(2015, 카모마일북스)
Virtual University: Education Environments of the Future(2001, Portland Press) 등 국내외 36권

THE 4TH INDUSTRIAL
REVOLUTION

4차 산업혁명과
대학의 미래

2019년 2월 20일 1판 1쇄 발행
2019년 7월 10일 1판 2쇄 발행

지은이 • 이현청

펴낸이 • 김진환

펴낸곳 • (주)학지사

　　　　04031 서울특별시 마포구 양화로 15길 20 마인드월드빌딩

대표전화 • 02)330-5114　　팩스 • 02)324-2345

등록번호 • 제313-2006-000265호

홈페이지 • http://www.hakjisa.co.kr

페이스북 • https://www.facebook.com/hakjisa

ISBN 978-89-997-1768-0　03370

정가 14,000원

이 도서의 국립중앙도서관 출판시도서목록(CIP)은 서지정보유통지원
시스템 홈페이지(http://seoji.nl.go.kr)와 국가자료공동목록시스템
(http://www.nl.go.kr/kolisnet)에서 이용하실 수 있습니다.
(CIP 제어번호: CIP2019003712)

출판 · 교육 · 미디어기업 **학지사**

간호보건의학출판 **학지사메디컬** www.hakjisamd.co.kr

심리검사연구소 **인싸이트** www.inpsyt.co.kr

학술논문서비스 **뉴논문** www.newnonmun.com

원격교육연수원 **카운피아** www.counpia.com